かわいいフェイク・スイーツのつくり方

氣仙えりか

はじめに

スイーツって実際に作るのも食べるのも本当に楽しい。
幸せいっぱいな時間を過ごせます。

フェイク・スイーツにもその力はみなぎっていて、小さい頃からレストランの
ショウウインドウにあるパフェやアイスクリームにどきどきしていました。

最近は質もよく、手に入りやすい素材がたくさんありますので、
そんな素材達を集めてはフェイク・スイーツを作っています。
食べられないものがだんだんおいしそうに変わっていくのは楽しい瞬間です。

自分の中では「ゆる菓子づくり」と命名していて、精巧なミニチュアというより、
気負わないで作れるものがいいなと思っています。
粘土はつるっとさせるだけではなく、いろいろな表情を持っていて奥が深いです。
作った後も、飾るのはもちろんのこと、持ち歩けるような加工をしたり、
ドールに持たせるギミックを考えたりと楽しみは尽きません。
それがひょっとしたら手作りならではのよさなのかもしれないですね。
この本のレシピを使えば、ミニチュアから原寸大まで自由な大きさで作れます。
あなただけのアイディアで素敵なフェイク・スイーツを作ってみてください。
この本がその手助けになりますように。

氣仙えりか

contents

ロリポップ	p.2, p.69
フィンガーフード	p.4, p.32
マカロン	p.6, p.56
カップケーキ	p.8, p.57
ハッピードーナツ	p.9, p.51
プリン	p.10, p.58
ベルギーワッフル	p.11, p.59
ボンボンショコラ	p.12, p.60
アイシングクッキー	p.14, p.62
パフェ	p.18, p.63
マンゴーのレアチーズケーキ	p.20, p.64
スワンシュー	p.21, p.54
苺のショートケーキ	p.22, p.65
ベリータルト	p.23, p.67
和スイーツ	p.24, p.66
ロールケーキ	p.34, p.68
アイスクリーム	p.41

つくり方基礎
フェイク生クリームで遊ぶ	p.28
樹脂粘土でフェイク・スイーツ作り	p.34
トッピングでワンランクアップ	p.42
仕上げ	p.49

※この書籍は粘土やシリコーンでスイーツの模型を作る方法を解説したもので、大人の方を対象としています。作品は鑑賞を目的とし、他の目的で使用しますと、破損することがあります。また、食べられませんので、お子さんやペットが口にすることの無いようご注意下さい。

ロリポップ >P.69

fake sweets

フィンガーフード >p.32

A

C

マカロン >p.56

カップケーキ >p.57

ハッピードーナツ　>p.51　リングドーナツ／オールドファッション／クリームドーナツ

プリン >p.58

ベルギーワッフル　>p.59

12

ボンボンショコラ　>p.60

アイシングクッキー　>p.62　花

イースター

15

ハロウィン

クリスマス

パフェ　>p.63

マンゴーのレアチーズケーキ　>p.64

スワンシュー >p.54

苺のショートケーキ >p.65

ベリータルト　>p.67

和スイーツ　>p.66　ねりきり（あさがお／雪うさぎ／苺大福）

ねりきり（左から時計回りに桜／牡丹／春霞／紅葉／スミレ）

みたらし団子　>p.67

豆大福　>p.66

つくり方基礎
1. フェイククリームで遊ぶ

おくちのなかでとろける
ふんわり優しい生クリームは
スイーツにはなくてならないもの。
クリームにみたてたシリコーンをしぼるときの
ドキドキ感はきっとやみつきになりますよ

材料

□シーリング（コーキング）用シリコーン材（カートリッジタイプ）

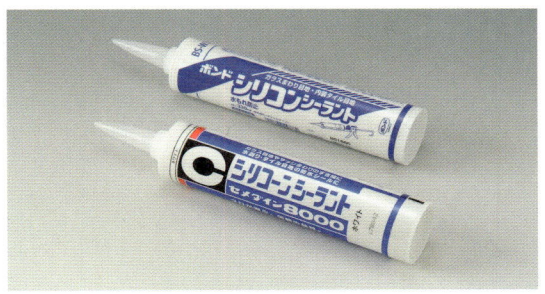

耐久性があり、キメ細やかで弾力性があるため、口金そのままの細かい表現ができます。硬化後に塗装ができないタイプが多いです。硬化中にガスがでる種類のものもあるので、取り扱いは注意書きをよく読んで十分に注意してください。ホームセンターなどで手に入り、色つきのものもあります。価格は500円程度。

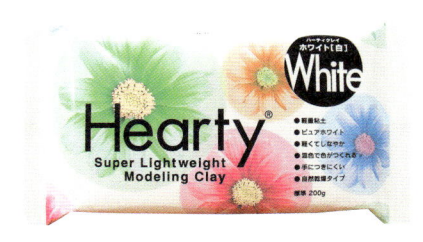

□粘土

手軽で安全性が高く、服についても水で洗い落とすことができます。袋から出して割ったハーティクレイは、硬めにホイップした生クリームを連想させる風合いです。また、水で溶かすとクリーム状になり、しぼることもできます。そのまましぼれるムース状の紙粘土も手芸店などで入手できます。写真はハーティクレイホワイト630円／200g（パジコ）

道具

□シリコーンガン

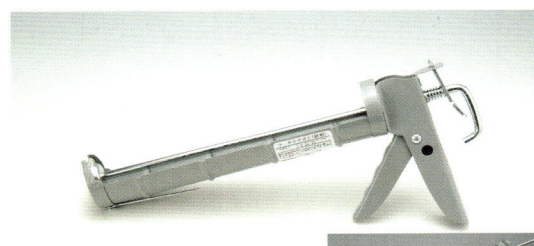

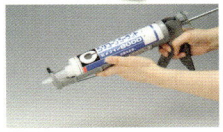

カートリッジタイプのシリコーン材を装着して使用します。これがあると作業効率がアップします。シリコーン材と同じ売り場で販売していることが多いです。高価になりますが、電池式のものもあります。価格は400円程度。

□口金

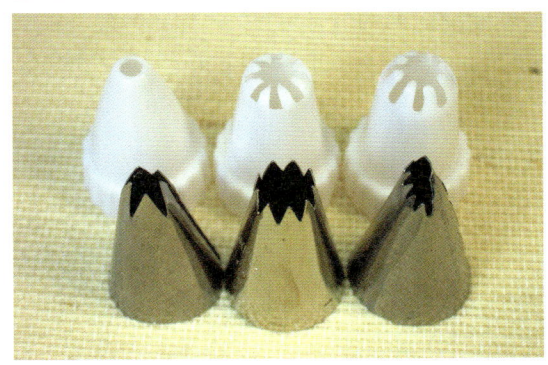

100円ショップなどでも簡単に入手できるようになりました。プラスチック製のものは乾いたらはぎ取るだけですので手入れが簡単です。金属製の口金は種類も多く、より多様な表現ができますがシリコーンが乾くとしっかりついてしまうので使用後はすぐに綿棒などで綺麗にしましょう。

□シュガークラフト用の口金

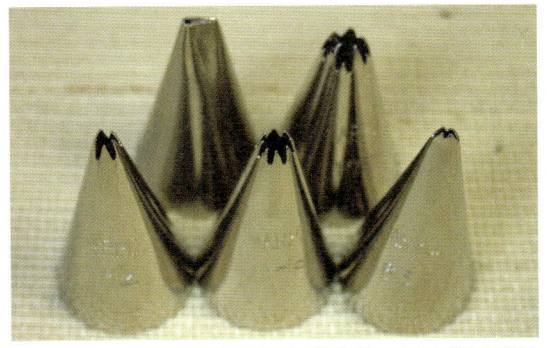

本来は砂糖細工に使用する口金です。少々値段が高いのですがサイズが小さいのでミニチュアサイズの時に便利です。製菓店、通販等で手に入ります。価格は300円程度。

□ミニチュア口金

アルミホイルのカッター部分を加工して作ります。まず丸ペンチで1山分を重ねて8山くらいになるように丸めます。山の部分を内側に曲げ、ひっかかりを作ります。セロハンテープでしぼり袋に固定すると3mm位の幅でしぼれます。※カッター部分の取り扱いには十分に注意をしてください。

□ コルネ（ペーパー）

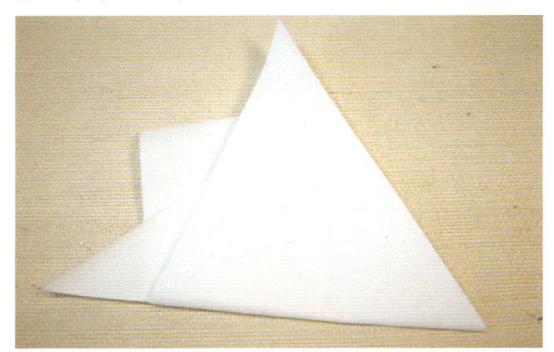

水で溶いた粘土やシリコーンをしぼり出して文字を書くなど、アイシングの表現に使います。クリームの断面形状が正確な円でなくてもかまわないときはしぼり袋で十分です。

□ しぼり袋

ポリエチレン製の物。100円ショップで購入できます。

□ ガムテープ

口金をしぼり袋につなげるときに使います。

それぞれの口金でしぼったサイズ
各口金使用時の大きさを比較しました。上から、口金、シュガークラフト用口金、ミニチュア口金、コルネでしぼったシリコーン材です。

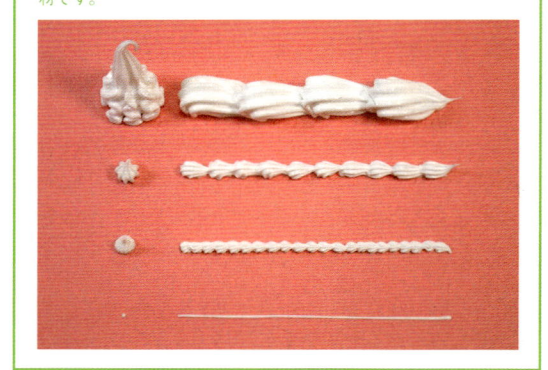

口金としぼり方のバリエーション

□ 花形口金

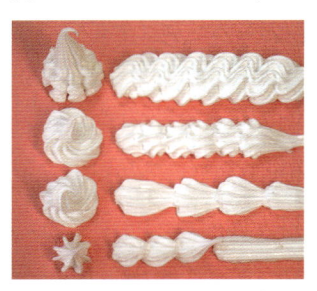

頂点部分の数が8山（標準）から12山くらいまであり、山が多いほど豪華な印象になります。入手も容易で、基本の口金といえます。溝部分が深くポイントでもラインでもホイップクリームらしい表情になります。シリコーン材を使う場合は、8山でサイズが大小あれば十分活用できます。

□ 星形口金

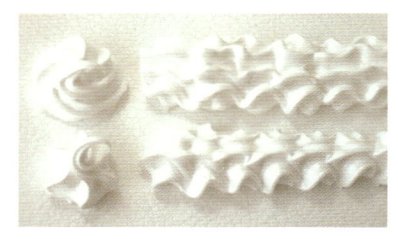

3山からあります。ソフトクリームのしぼり口は星形を使っています。しぼりだすときの圧力が花形よりも少ないため、粒子が荒く、固めの生地のときによく使われる口金です。

□ 丸形口金

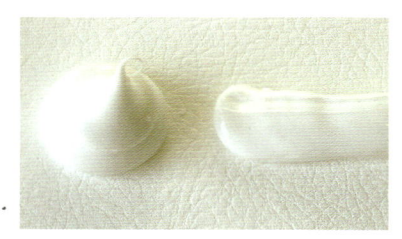

ぽってりとした、シンプルで温かみのある表情の生クリームが作れます。ポイントでもラインでも使用できます。カートリッジタイプのシリコーン材のキャップを切り、絞り袋につけると丸形口金になります。

あると便利な道具

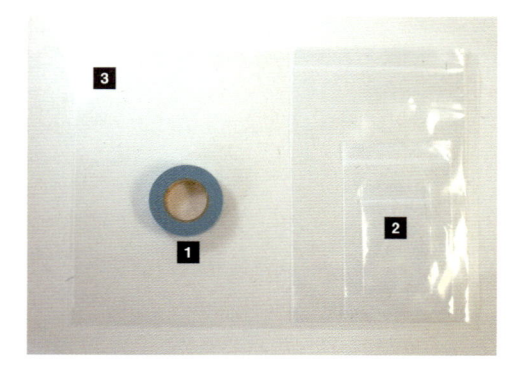

1. シーリング用マスキングテープ

シリコーン材につかないので敷き紙の固定や仮ぶたに使います。

2. チャック付パック

ポリエチレン製のもの。保存するときや粘土を水で溶かすときに入れて揉みます。

3. クリアホルダー

粘土やシリコーン材が乾いた後、綺麗にはがすことができます。単品でしぼるときや練習などに使います。

そのほか着色するため、ピンクや茶色などのアクリル絵の具があるとよいでしょう。

フルーツやトッピングを作ろう

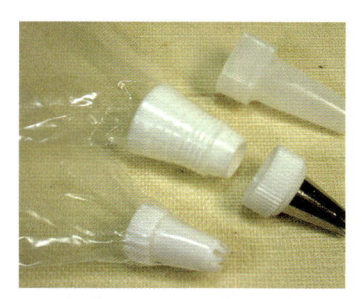

1. しぼり袋に口金を入れ、袋をカットします。(交換できるタイプの口金やシリコーンのふたを切って入れておくと口金の種類を変えることができて便利です。

2. 材料が漏れないように先の部分をねじって口金につめておきます。

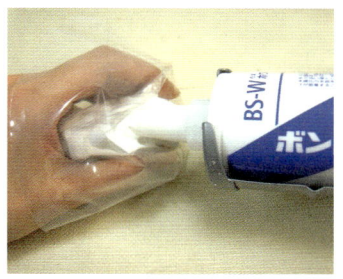

3. 袋を半分ぐらい外側に折り、半分を目安にシリコーン材を入れます。

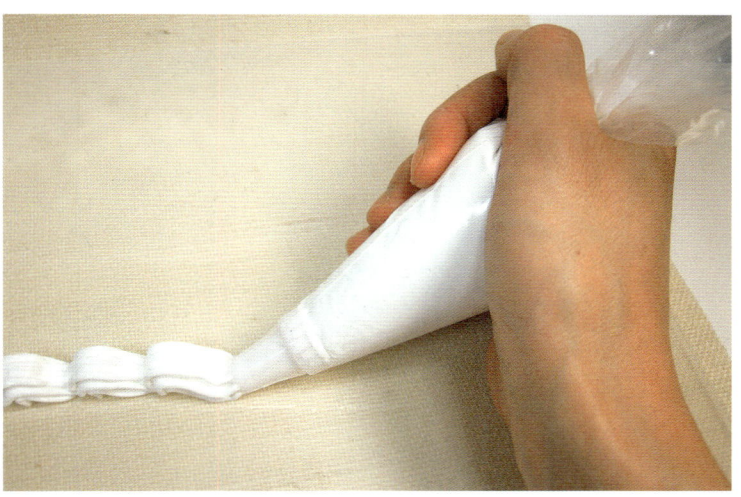

4. 袋の上をしぼってフェイク生クリームを押し出すようにして使います。

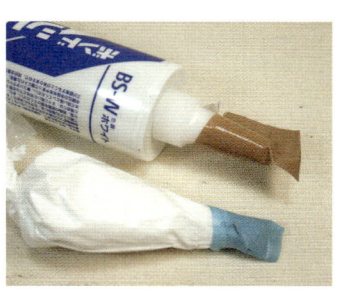

5. 少し置いておくときにはマスキングテープやガムテープでふたをしておきます。

POINT
- しぼるときには土台が動かないように両面テープなどで仮固定しておきます。
- 10分ぐらいで空気に触れている部分が固まり始めますのでトッピングをする場合はあらかじめ準備しておき、手早く行うようにします。中まで完全に乾燥するまでには、大きさにより数時間から数日かかります。
- 綺麗な形のものに9ピンやヒートンを刺し込むだけでかわいいアクセサリーパーツになります
- コツをつかむまではまずは乾くと剥がれるシート(クリアホルダーやポリエチレン素材の袋など)で練習してみましょう。

フェイク生クリーム練習レシピ
フィンガーフード

女性が集まるpartyではスイーツもおめかしして。
市販のフェイク・フルーツと組み合わせれば
手軽にフィンガーフードを作ることができます。

材料・道具
生クリーム：シーリング用シリコーン材
トッピング：市販のフェイクフルーツや花
粘土（ハーティクレイホワイト）、しぼり袋、口金、ガムテープ、
クリアホルダー

作り方

1. トッピングを用意します。市販のフェイクフルーツは中性洗剤などで洗って表面を綺麗にしておきます。（フェイクフルーツや花は大型手芸店で購入できます）

2. クリアホルダーかベースになる粘土を用意します。（写真はP.59の方法で作ったワッフル）

3. シーリング材を「の」の字を書くように2周しぼります。市販のフェイクフルーツやビーズなどを盛りつけます。
POINT ソースや乾燥した粘土を削ったものなどをその上に載せるとさらに本物らしくなります。

トッピングいろいろ

生クリームをしぼったら、何をのせようかなんて悩みは生じません。心のおもむくまま、見栄えのよいフルーツを選びましょう。

□木苺

市販のフェイク木苺×4、パールビーズ3mm玉×4、メタルシール×1、ガラス絵の具（赤）少量

□エディブルフラワー

市販の造花、スワロフスキー（SS9 C）×1

□ダークチェリー

市販のフェイクダークチェリー×1、市販のオレンジスライス×1、アクリルビーズ×2、造花×1

□アメリカンチェリー

市販のフェイクアメリカンチェリー×1、アーモンドスライス（作り方P.47参照）×2、アンゼリカ（モデナを色づけして削ったもの）少量

□バナナ

フェイクバナナ（作り方P.45参照）×1、カラーサンド（P.43参照）少量、ガラス絵の具（茶）少量

□苺

市販のフェイク苺×1、ブルーベリー（作り方P.46参照）×2、フェイクハートチョコ×1、ガラス絵の具（茶）少量

□黄桃

フェイク黄桃×1（モデナ）、ガラス絵の具（オレンジ）少量、ウルトラバーニッシュスーパーグロス少量（P.49参照）

□葡萄

市販のフェイクぶどう大中小×各1、ウルトラバーニッシュスーパーグロス少量（P.49参照）、ハーティクレイに色づけして削ったもの

2. 樹脂粘土でフェイク・スイーツ作り

フェイク・スイーツを作り始めたばかりの頃は
粘土で作ることのできる表情は
こんなにもたくさんあったのか！と驚きの連続でした。
がさっとした質感の焼き菓子やすべすべのチョコなど
基本を知ればさまざまなスイーツが自由自在に作れます。
今回は株式会社パジコの粘土を中心に作品を制作しました。
種類によって色々な特性がありますので
用途や作りたいものに合わせて素材を選んでみてください。

苺のロールケーキ　＞p.68

軽量樹脂粘土

□ パジコ　ハーティクレイ ホワイト

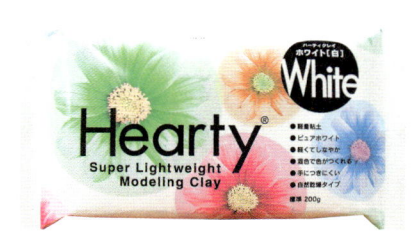

紙粘土よりもしなやかで比較的キメが細かく、手につかないので扱いやすいです。焼き菓子やアイスなどのがさっとした質感が特に楽しめます。乾くと軽く、少しの弾力性と耐久性があります。乾く途中で約10％の縮小が見られますので少し大きめに作ります。耐水性はありませんが仕上げ材を塗ることで耐水性が得られます。
今回作ったもの：ドーナツ、ワッフル、アイスクリーム、マカロン、クッキーなど　価格：630円（200g）／262円（50g）

□ パジコ　ハーティカラー／ハーティカラーピグメント

絵の具を使わずに混ぜるだけでカラーが作れます。カラースケールを使えば毎回同じ色を作ることができます。濃度が高いため乾燥したときに色が濃くなるので、薄めに感じるぐらいの色に混ぜるのがコツです。「ハーティーカラー」はレッド、オレンジ、グリーンの全3色、「ハーティカラーピグメント」はマゼンタ、ブルー、イエロー、ブラックの全4色です。　価格：262円（50g）

□ パジコ　ハーティソフト

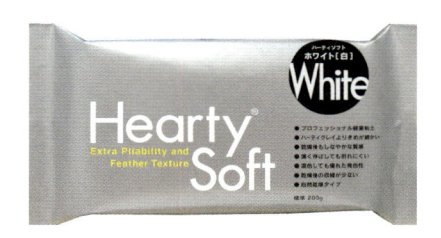

「ハーティクレイ」に「きめ細やかさ」「しなやかさ」を加えた、折れや曲げに大変強い仕上がりの軽量樹脂粘土です。縮みが少なく、軽く粘りが強いです。「ハーティカラー」を混ぜることもできます。
今回作ったもの：ロールケーキ、生クリームなど　価格：630円（200g）

□ パジコ　アーチスタソフト

軽量樹脂粘土の中でも特に軽く、乾燥後もやさしい質感を保ちます。ケーキやマシュマロなどふわっとした質感を出したいときに使用するといいでしょう
今回作ったもの：ショートケーキ、レアチーズケーキなど。　価格：472円（200g）

透明感のある樹脂粘土

□ パジコ　モデナ

最高級樹脂粘土。半透明感があり、キメが細かくしなやかです。乾燥後はやや弾力性があり、耐水性になりますのでアクセサリーに使うのにもいいでしょう。水で溶かすとコーティングができます。
今回作ったもの：和菓子、ボンボンショコラ、フルーツ、ロリポップ、プリンなど　価格：840円（250g）

□ パジコ　モデナペースト

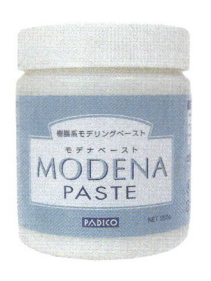

最高級樹脂粘土「モデナ」がとろみのあるペースト状になったもの光沢のある薄い皮膜や葉などを作るときにあると大変便利です。乾燥後は半透明になり、耐水性が得られます。
今回作ったもの：マカロンのクリームなど　価格：1050円（250g）

木質素材

□ パジコ ウッドフォルモ

天然の木をあら挽きしてつくった木質粘土です。乾燥すると硬質になり、シャープな形が出せます。焼き菓子などを作るときにハーティクレイに少量混ぜると小麦胚芽やバニラビーンズなどのオーガニックな表情がでます。
今回作ったもの：マカロン、クッキー、ロールケーキ、など
価格：472円（500g）

あると便利な粘土

□ コルク粘土
コルク素材が粘土状になったもの。独特の質感と風合いがあります。乾燥中に多少収縮し、色が薄くなりますので厳密なサイズのものを作りたい場合は注意が必要です。乾燥後に削ったり、紙粘土と混ぜて使っても面白いです。価格は700円程度。
今回作ったもの：タルト生地

□ ダイソー 樹脂粘土
整形した後、温度調節ができるオーブンやホットプレートで焼いて作ります。小分けされているのでちょっと使いたい時や蛍光色を使いたいときに便利です。
例：カラースプレーなど

道具

基本の道具

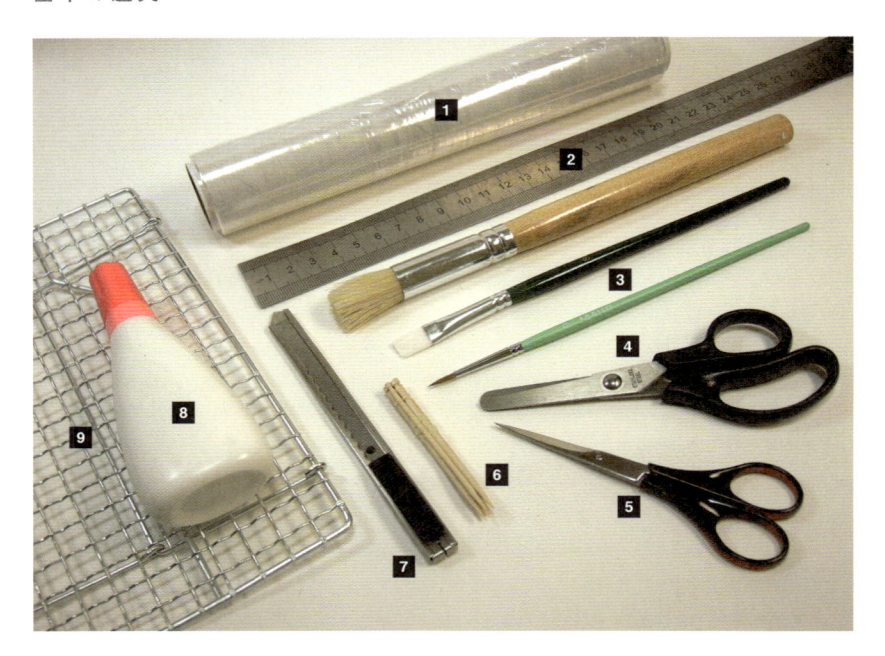

1. ラップ：使いかけの粘土はラップしてチャック付袋に入れます
2. 定規
3. 筆：面相筆、平筆、ぼかし筆を使います
4. はさみ
5. 粘土細工用はさみ：787円（パジコ）
6. 楊枝：細かい質感を出したり、水をつけてピンセット代わりに使います
7. カッター
8. 木工用ボンド：素材の接着やソース作りに使用します
9. 乾燥用の網：足の高さがあり、重ねられるものが便利です

□ 粘土板
カッターマット、プラスチックまな板等も使えます。735円（パジコ）

□ プロスアクリック
アクリル絵の具。全24色、各315円（パジコ）

□ 水彩絵の具
ごく一般的な水彩絵の具です。黄土色と茶は必須カラーです。

□ アクリル塗料
透明感があるクリアカラーを中心に使用します。

あると便利な道具

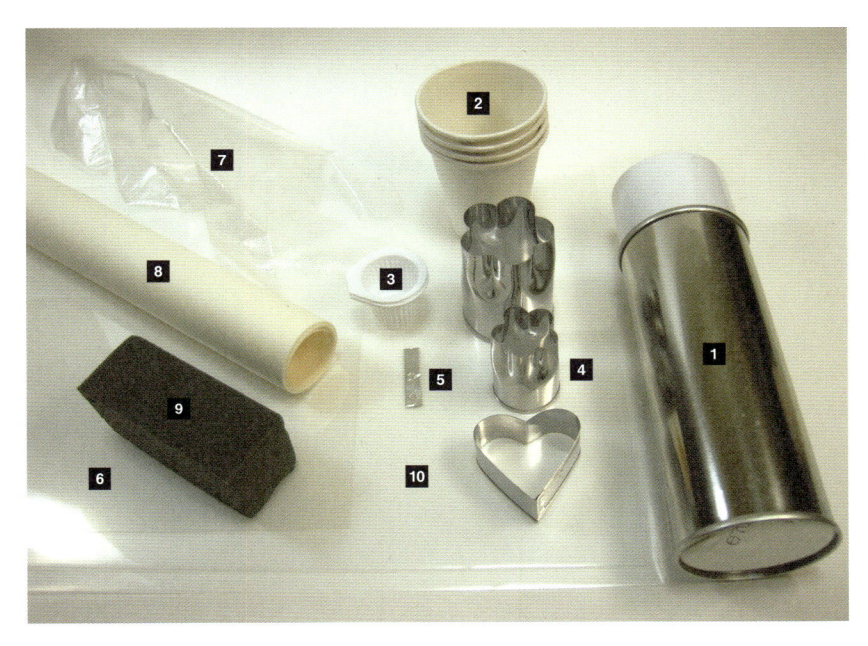

□アートプレッサー

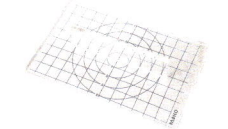

粘土を均等に抑えて薄くしたり、丸めて延ばしたりするのに使用。ない場合はペン立ての仕切り版など10cm程度のプラスチックの平板を使用。1050円（パジコ）

□のし棒

粘土を薄く広く延ばします。472円／ミニのし棒294円（パジコ）

□クーピーペンシル

混ぜ物の質感を出せます。

1. フッ素コートスプレー：型やカッターに吹くと粘土がつきにくくなります
2. 小さめの紙コップ：塗料を混ぜたり、粘土をつめて型として使用したりします
3. ミルクの空き容器：紙コップと同じ使用目的です
4. 型：クッキーを製作するときなどに使用します
5. アルミホイルのカッター部分：細かな質感を出すときに使います。ペンチで3cm程度に切ります
6. プラ板：好みの円形の型を作る時に使います
7. 使い捨て手袋：粘土と絵の具を混ぜるときに使うと手や爪を汚しません
8. クッキングシート：平たく伸ばすときに上下に使うと綺麗にはがせます
9. オアシス：乾かす時に土台として使います
10. クリアホルダー：くっつきにくいので台や挟んでプレスするのに使います

粘土の基本テクニック

色をつける　基本の色づけはアクリル絵の具、透明感を出したいときにはクリアカラーや水彩絵の具を使います。

苺／作り方P.44参照

キウイ／作り方P.46参照

ねりきり／作り方P.66参照

□アクリル絵の具

発色がよい絵の具です。ボトルがワンタッチで開くのも粘土作りの強い味方です。

□クリアカラー

透明色は仕上げに塗るとつやと耐水性が得られます。

□水彩絵の具

手に入れやすく粘土になじみやすいので基本として持っておくとよいでしょう。

焼き菓子のベース粘土は薄めのクリーム色かベージュにしておき、乾いたらイエローオーカー（黄土色）や茶色で焼き色をつけます。（ドーナツ／作り方P.53）

綺麗にぼかすコツは、平筆に薄く溶いた絵の具をたっぷりと含ませてから、ティッシュなどに押しつけ、水分をほぼ失わせてから、かすれさせるように少しずつ色をつけることです。

POINT
- 薄い色から重ねましょう。
- 一度に多くの水分を粘土に与えると表面が溶けたり、筆跡やニジミが出ます。
- もし失敗したら、一度乾かして400番程度の紙やすりでこすって落とします。しかし、形によっては紙やすりを使えないので、まず見えない底の部分などで試し塗りをしてから塗るといいでしょう。

乾燥前でも粘土の表面のみに色を塗ることができます。（ロールケーキ／作り方P.68参照）

練り方

表面をつるっとさせたいときや、絵の具を混ぜるとき、基本は内側に向かって空気を押し出すように練ります。

表面をがさっとさせたいときは、引っ張りながら乾く寸前まで練ります。

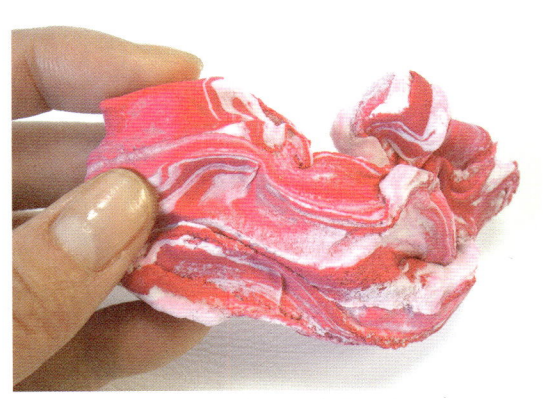

マーブル模様を作りたいときも引っ張りながら混ぜます。

ウッドフォルモをベースの粘土に少量混ぜると小麦胚芽のようなオーガニックな表情が出ます。

型を使って形を作る

表面に模様をつけることができます。櫛に押しつける。（ボンボンショコラ／作り方P.60参照）

粘土で作った型に押しつける。（ワッフル／作り方P.59参照）

型に押し込む。（マカロン／作り方P.56参照）

水で溶く

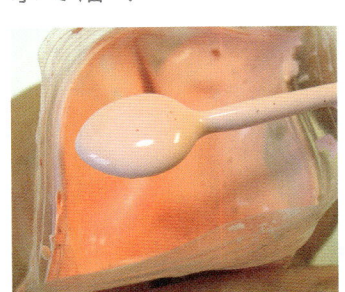

ハーティを水で溶くとアイシングができます。（アイシングクッキー／作り方P.62参照）

モデナを水で溶くとチョココーティングなどができます。（ボンボンショコラ／作り方P.60参照）

モデナの表面に水をつけてなでるとつるつるに仕上がります。（ねりきり桜／作り方P.66参照）

切る、削る、押し出す

ミントの葉や苺のヘタなどはモデナに色を混ぜ、ごく薄くのばしてはさみで切ります。(パフェ／作り方P.63参照)

アルミホイルのカッター部分で表面を荒らすとふわふわとしたやわらかさが出ます。

ペーパークラフト用のパンチなどで切り抜くと複雑で同じ形のものがたくさん作れます。

薬味用の金属のおろし金を使うと細かいかけらが作れます（オレンジマカロン／P.7参照)

揚げカスすくいの網でモデナを押し出し、楊枝ではらい落とすとクランチになります（ねりきり／作り方P.66参照、ボンボンショコラ／作り方P.60参照）

同じ大きさの丸玉を作る

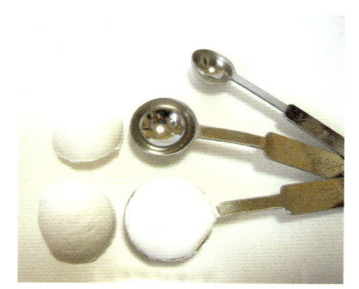

軽量スプーンや容器で量り取ると簡単です。

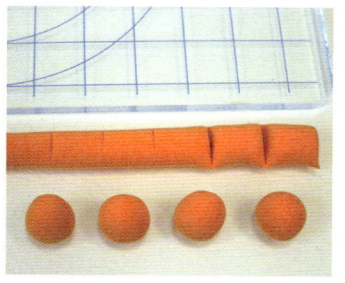

小さいものは平板を使って均一な円や棒を作り、同じ長さで切り分けます。

手を使って丸めます。(ブルーベリー／作り方P.46参照)

粘土練習レシピ
アイスクリーム

アイスクリームは簡単に作れ、単品でもトッピングとしても楽しくかわいいスイーツです。ハーティの特性を活かしてスプーンですくった感じを出します。いろいろなフレーバーを作りましょう。

材料・道具
ハーティクレイ／アクリル絵の具／
水性ニス ウルトラバーニッシュスーパーグロス（P.49参照）／
半球状の計量スプーン

---

1. ハーティを乾かしながら引っ張り練ります。（色をつけたい場合はこのときに入れます）

2. がさっとした質感が出るまで練ります。（マーブルにしたいときにはここで入れます）

3. 半球型の計量スプーンなどに沿わせて軽く入れ、型をつけます。少しはみ出すくらいがいい感じです。

4. 束ねた楊枝などで取り出したあと乾かし、下の方にたっぷりとつやのある水性ニス（スーパーグロス）を塗って溶けた感じを出します。

3. トッピングでワンランクアップ

フルーツやナッツ、ラインストーンやビーズなど、
デコレーションするときに、いろいろなトッピングがあると
ベースは同じでも見た目が驚くほど変わります。
アイディア次第で市販のものが意外なトッピング材料になりますので、
ホームセンターや100円ショップなどもそういう視点で探してみると面白いです。
サイズや好みのものがないときはオリジナルで作ってしまいましょう。

市販品でトッピング

□ハイドロカルチャー用のゼオライトやカラーサンド

ホームセンターや園芸店、100円ショップなどで手に入ります。本来は水栽培に使う人口土を、ザラメ、ピーナツクランチ、チョコクランチとしてトッピング材料に。

□ガラス絵の具

ガラスにかくことができる絵の具です。透明度が高く、そのまま生クリームなどにかけて、チョコレートソース、フルーツソース、グレーズとして使用します。100円ショップなどで入手可能です。

□アメリカンフラワー用のグラスビーズ

さまざまな大きさがありますが、細かいものを選びましょう。グラニュー糖として使用します。手芸店などで購入でき、価格は20gで200円程度です。

□ジェッソ

白色地塗り材と呼ばれ、主に絵画や壁画に用いられます。ここでは粉砂糖として使用しますが、絵の具よりもより粉砂糖らしい厚みと白さが出ます。画材店で入手でき、価格は50mlで350円程度です。

フルーツやトッピングを作ろう

フルーツは仕上げにたっぷりツヤありニスを塗るとみずみずしい表情が出ます。

苺

材料・道具（苺1粒分）
モデナ（もしくはハーティソフト）2cm玉、
アクリル絵の具（チェリーレッド、カーマイン）、1mmポンチ、
水性ニス ウルトラバーニッシュスーパーグロス（P.49参照）

1. モデナを好みの大きさで紡すい形に丸めます。（ここでハーティソフトを使用するとやさしい雰囲気の苺になります）

2. 楊枝を中心に刺し、1mmポンチでへこみと種を作ります。（なければ塗り箸などで代用できます）

3. チェリーレッド、カーマインなどの赤色をヘタ付近をぼかしながら塗ります。

4. つやのある水性ニス（スーパーグロス）をたっぷりつけ、オアシスに挿して乾かします。

5. ヘタを作るときはイエローオーカーと黄緑を混ぜたモデナを薄くのばし、丸く切ってから12等分にはさみで切り込みを入れ、交互に丸みをつけたものを木工用ボンドで接着します。

スライス苺の作り方

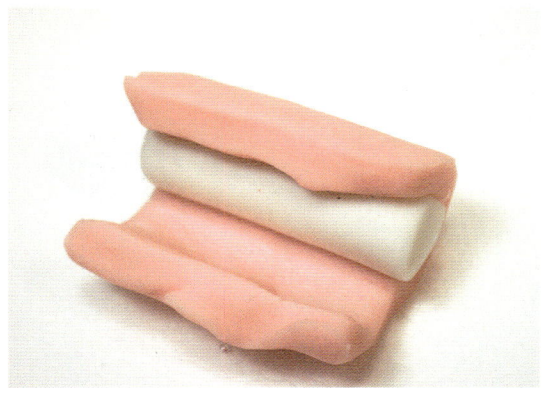

1. 芯の部分はモデナを丸めて均等な棒にします。その棒に薄いピンクで着色したモデナを巻きつけて断面が苺の形になるように整えます。

2. ヘタの部分に楊枝を刺して周りを塗り、水性ニスを塗ってツヤを出したらオアシスに挿して乾かします。

3. 2日ほど置いて、中まで形が安定したらカットします。（右は薄ピンクに着色したモデナを巻きつけずに作った苺スライスです）

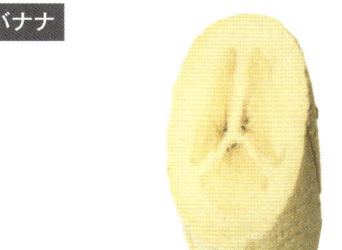

バナナ

材料・道具（バナナ1本分）
ハーティソフト5cm玉、アクリル絵の具（イエローオーカー、ブラック、茶）、水性ニス スーパーエクステリアバーニッシュグロス（P.49参照）、タオル、紙やすり400番

1. ハーティソフトにイエローオーカーを少量混ぜ、均等な丸棒にします。そのあと、タオルの上に置き、縦に細工棒でスジを6本入れ、周りをカッターでたたき、模様をつけます。

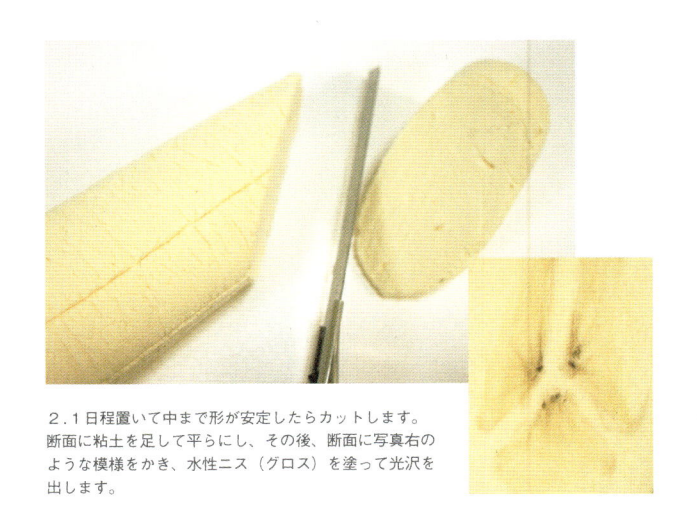

2. 1日程置いて中まで形が安定したらカットします。断面に粘土を足して平らにし、その後、断面に写真右のような模様をかき、水性ニス（グロス）を塗って光沢を出します。

キウイ

材料・道具（4枚分）
モデナ4cm玉、
アクリル塗料（クリア、クリアブルー、クリアイエロー、ブラック）

1. モデナにクリアブルーとクリアイエローの上澄みを少量混ぜ、均等にのばし、円筒にしたプラ板で抜きます。（原寸だと3〜5mm厚程度）

2. カッターの刃を中心を基準に回しながら軽く押し、放射状の筋目を入れます。クリアブルー、クリアイエローの上澄みで芯の周りに色をつけます。

3. ブラックを面相筆（細筆）で濃淡をつけながら種をかくと奥行き感が出ます。

ブルーベリー

材料・道具（6mm玉10個分）
モデナ2cm玉、水性絵の具（紫、青、白）

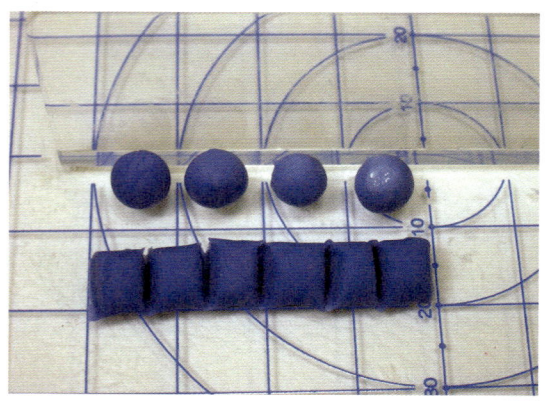

1. モデナに紫色を混ぜ、均等な丸棒を作ってカットし、水をつけた手のひらで丸めます。

2.粘土板の上で乾かします。少し乾いたら底面部分に楊枝で穴を空け、カッターで周りをカットして引き出します。

3.軽く白をまぶします。

アーモンドスライス

材料・道具（長さ4cm分）
モデナ4cm玉　水性絵の具（黄土色）

1.モデナに黄土色をごく少量混ぜ、断面がアーモンド型の棒を作ります。

2.2日程置いて中まで形が安定したら、カッターで薄くスライスします。

47

ブドウ（マスカット）

材料・道具（1粒分）
モデナ1.6cm玉　水性絵の具（黄土色、黄緑）水性ニス ウルトラバーニッシュスーパーグロス、もしくは水性ニス ウルトラバーニッシュマット（P.49参照）

1. モデナに黄土色と黄緑をごく少量混ぜ、丸めて楊枝を刺し、乾かします。

2. 2日ほど置いて乾かし、楊枝をまわしながら抜きます。必要に応じて水性ニスを塗ります。

さくらんぼ

材料・道具（1粒分）
モデナ1.6cm玉　アクリル塗料（クリアイエロー　クリアレッド）、水性ニス ウルトラバーニッシュスーパーグロス（P.49参照）、ステムワイヤー（茶）

1. モデナを丸めて上部を少しへこませ、ステムワイヤーを刺し、オアシスで乾かします。

2. 2日程置いて表面がしっかりしたら薄くクリアイエローとクリアレッドを塗ります。そのあと、水性ニス（スーパーグロス）を塗り、ツヤを出します

カラースプレー

材料・道具（小さじ1杯）
オーブン樹脂粘土5mm角各色（ピンク×2、オレンジ×2、黒×1、緑×1、黄色×1）

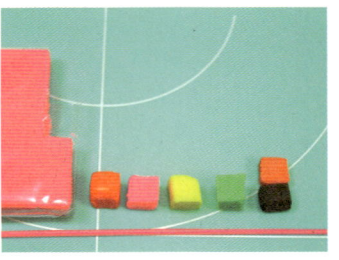

1. 1.5mm角で切り取った粘土を平板で直径0.7mmくらいの丸棒にします。

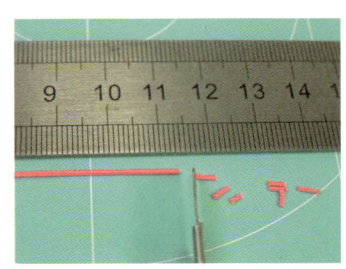

2. 120度のオーブンで30分焼き、カッターで切ります。

仕上げ

ここでは、水性ニスをご紹介。作品の表面に防水効果をもたせたり、表情をつけることができます。「ウルトラバーニッシュスーパーグロス」は皮膜の厚みもあり、他の製品にはない美しい輝きを作品に与えるので、おすすめです。表面の風合いを変えたくないときにはマット系を使用しましょう。「スーパーエクステリアバーニッシュグロス」は防水効果をもたらすことができます。

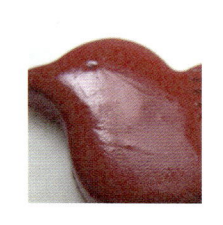

□水性ニス
ウルトラバーニッシュスーパーグロス
3〜4回程塗り重ねると驚くほどの光沢感を得ることができます。とろみがあり塗るときには半透明ですが、乾くと透明な厚い皮膜ができます。みずみずしい表現ができるおすすめのニスです。（今回使用したもの：ソース、フルーツなど）
内容量：200ml　価格：1155円

□水性ニス
スーパーエクステリアバーニッシュグロス
高い防水効果を得ることができるニスです。一般で売られているニスよりさらさらとした液体でうす塗りができます。小さいものや浅いツヤを出したいに使います。（今回使用したもの：チョコチップなど）
内容量：200ml　価格：1680円

□水性ニス
ウルトラバーニッシュマット
粘土の質感をほとんど残したまま仕上がるため、焼き菓子などに使います。つや消し成分が沈殿するので軽く振ってから使います。（今回使用したもの：ロールケーキ、チョコチップクッキーなど）
内容量：200ml　価格：1155円

お人形作りにお役立ちな粘土たち

この本でも大活躍のハーティクレイやモデナを販売している株式会社パジコでは、このほかにも用途に合わせたさまざまな粘土が販売されています。右の4種は有名なお人形作家さんも使用している「石塑粘土」です。フェイク・スイーツで粘土の扱いに慣れたら、お人形作りに挑戦してみては？

ラドール
きめ細やかで伸びがよい石塑粘土です。美しく細密な石質感に仕上がります。472円（500g）

ラドールプレミックス
「ラドール」の伸びのよさと「プルミエ」の軽さ、強度を合わせ持った石塑粘土です。525円（400g）

ラドール プルミエ
強度と彫塑性に優れた軽量石粉粘土です。粘土同士のなじみも抜群。525円（300g）

アーチスタフォルモ
天然の石から作った石塑粘土です。ホワイトのほかにブラウン、グリーンがあります。420円（500g）

つくり方レシピ

小さめに作って9ピンやヒートン（丸型）を挿し込んでおけばアクセサリーも作れます。
耐水性のコート材や防水材を必ず塗っておきましょう。（P.49参照）

ハッピードーナツ

P.9

リングドーナツのポイントは穴の空け方。慣れると簡単に作れます。オールドファッションは目打ちで作った穴を外側にひっぱり、大きくしましょう。クリームドーナツは一部をカットして中身を見せてあげると楽しくなります。

リングドーナツ

材料	生地：ハーティクレイホワイト5.5cm玉、アクリル絵の具（イエローオーカー、茶色） クリーム：シーリング用シリコーン材、アクリル絵の具（チェリーレッド、イエロー） そのほか：フェイクカラースプレー、フェイククランチ、ガラス絵の具（茶、白）、モデナペースト、必要であれば水性ニス ウルトラバーニッシュマット
道具	目打ち、花口金8山、しぼり袋、チャック付ポリ袋

□作り方

1. ハーティクレイホワイトにイエローオーカーで色をつけたものを、綺麗に丸め、平板で好みの高さに押しつぶします。

3. 2日ほど乾かし、表面がしっかりしたらイエローオーカーと茶で焼き色をつけ、カッターを外側から少しずつ入れ、まわしながら上下半分に切ります。
POINT 高さをそろえるため、ガイドになるものを用意すると綺麗に切れます。

2. 目打ちで穴を表と裏から少しずつ空け、なだらかに整えます。

4. 上半分にトッピングをします。モデナペーストに色をつけ、表面に塗り、ガラス絵の具をかけ、カラースプレーやクランチをまぶします。

5. 下半分にシリコーン材を中心から始めて2周しぼり、上半分を載せたら完成です。

オールドファッション

材料	生地：ハーティクレイホワイト5cm玉　アクリル絵の具（イエローオーカー、黄色、茶色、こげ茶） その他：目打ち、必要であれば水性ニス　ウルトラバーニッシュマット、目打ち、花口金8山、しぼり袋、チャック付ポリ袋
道具	束ねた楊枝、アルミホイルのカッターを3cm程度に切ったもの

□作り方

1. 生地にイエローとイエローオーカーを混ぜ、卵の多い黄色めの生地を作ります。

2. 綺麗に丸め、平板で好みの高さより少し低めに押しつぶします。

3. 目打ちで穴を表と裏から少しずつ空け、なだらかに整えたあとにひっぱって穴を広げます。

4. 穴の周りにカッターで切れ目を入れ、開き、楊枝やアルミホイルのカッターなどで表面を荒らします。

5. 高さのある部分を重点的に茶と焦げ茶で焦げ目を入れます。

クリームドーナツ

材料	生地：ハーティクレイホワイト5.5cm玉、アクリル絵の具（イエローオーカー、茶色、こげ茶） クリーム：シーリング用シリコーン材、ハーティソフト　アクリル絵の具（ピンク） その他：ジェッソ、ぼかし筆（大）、必要であれば水性ニス　ウルトラバーニッシュマット
道具	星口金8山、しぼり袋、アルミホイルのカッター

□作り方

1. ハーティクレイホワイトにイエローオーカーで色をつけたものを綺麗に丸め、平板で好みの高さに押しつぶします。

2. 定規や細工棒で上に格子状の模様を入れます。

3. 茶色を薄く塗り重ね、焼き色をつけます。

4. 2日程乾かし、表面がしっかりしたら肩の部分を斜めに切り落とし、ラジオペンチで少し中身を取り出します。アルミホイルのカッター部分で表面を荒らします。

5. 中にハーティソフトを楊枝で荒く詰め込みます。色をつけたい場合は水で少し薄めてアクリル絵の具を混ぜ、しぼり袋でたっぷりめにしぼり出します。

6. ジェッソをぼかし筆でたたくようにして粉砂糖をつけ、上にシリコーン材でフェイク生クリームを飾ります。

スワンシュー

P.21

シンプルなシュークリームも素敵ですがフェイクスイーツならではのスワンシューはいかがでしょう。シュークリームのシューの部分はハーティクレイを使うと本物そっくりの質感がでます。クリームは艶やかに、シューの部分はさっくり感を出します。

材料　シュー生地：ハーティクレイホワイト5.5cm玉、アクリル絵の具（イエロー、イエローオーカー、茶）
　　　生クリーム：シーリング材
　　　トッピング：フェイク苺、ジェッソ、水性ニス ウルトラバーニッシュスーパーグロス、プレスパーツ(菊座6mm／ゴールド)など

道具　花口金8山、しぼり袋、木工用ボンド

□作り方

1. トッピングを用意します。苺（P.44参照）は全粒を作って半分に切ります。
2. ハーティクレイホワイトにイエローオーカーを混ぜ、硬めに練ります。

3. 生地を7分割します。ひとつを丸めて底面のサイズに涙形にのばして置き、ざっくり丸めた生地を4つ載せます。

4. ふたつをまとめ、薄くざっくりとのばしながら全体を包み、カッターでくぼみに切れ目を入れます。

5. 残りのひとつを綺麗な丸棒にしてからS字を作り、片端を引っ張りくちばしを作ります。

6. 1日程乾かし、表面がしっかりしたら茶色とイエローオーカーで焼き色を入れます。（P.38参照）

7. 上下をカッターで半分にカットし、上半分をさらに半分にして羽を作ります。

8. 周囲2mm程の乾いた部分を残してカッターで切れ目を入れ、中身を取り出します。

9. 練った生地を下半分に入れカスタードクリームにし、見えるところに水性ニス（スーパーグロス）を塗っておきます。

POINT
- シュー生地は、ふぞろいに丸めたり、やぶれたまま広げると焼いて膨らんだ雰囲気が出ます。
- シューの底面の形を円形にし、上下にカットするとダブルシュークリームが作れます。

10. フェイク生クリームを胸から尻尾にかけて2列たっぷりしぼります。（尻尾は少し上に上げます）

11. シューをスワンの形に組み立てて、苺と粉砂糖をトッピングします。（P.35参照）

マカロン

P.6

マカロンは卵白に砂糖、アーモンドプードル(パウダー)などを加え、混ぜて焼き、中にジャムやカスタード、ショコラなどをたっぷり挟んだお菓子です。皮を作ったらいろいろなものを挟んでオリジナルのマカロンを作りましょう。

材料　皮（2枚分）：ハーティクレイホワイト3.5cm玉、アクリル絵の具
　　　中身：モデナ、ガラス絵の具など
　　　その他：必要であれば水性ニス ウルトラバーニッシュマット
道具　楊枝を7本輪ゴムで束ねたもの、パレットなどのマカロン型（もしくはプラ板やクッキー型）、チャック付ポリ袋、木工用ボンド、あれば400番程度の紙やすり

□作り方

1. マカロンの皮に近い型を用意します。計量スプーンやパレット（直径38mm）を使うと簡単にたくさんできます。なければ作りたい大きさにプラ板を丸めたものを用意します。

2. ハーティクレイホワイトにアクリル絵の具を入れ、硬めになるまで練ります。
POINT　乾くと色が濃くなりますので、若干薄めに色を調整しましょう。

3. 綺麗に丸めた粘土をパレットに詰め、上から平板で押さえて断面を平らにします。楊枝で1mm程度ざっくりとはみ出すように外側にほぐしながら型からはずします。プラ板で作る場合は粘土をふたつに分けて丸め、クリアホルダーにはさみ、表面をなだらかな半円状につぶしたものを、型で軽く抜き、周りをちぎり取ります。
POINT　形が崩れるときは、粘土が柔らかすぎるので取り出してもう一度練ります。

4. 1日網の上で乾燥させます。

5. 乾燥したら中身を作り、たっぷり盛ってはさみます。
ジャム：ガラス絵の具もしくは、木工用ボンドに水彩絵の具を混ぜたもの
カスタードクリーム：モデナを水で溶かし、イエローオーカーを混ぜたもの
バニラクリーム：ハーティクレイホワイトを水で溶き、イエローオーカーをごく少量混ぜたもの

6. 仕上げに皮の型の部分をなだらかに紙やすりで擦ると優しい雰囲気になります。

＜アレンジ＞
クッキー型を使ったり、表面や中をアレンジしてオリジナルのマカロンを作ってみましょう。上段ふたつは、赤のクーピーペンシルを削って皮の生地に入れ、ストロベリーフレーバー風に。そしてクマやハートの型で抜き、キュートなマカロンに。右下は、フルーツをはさみちょっとリッチに。

カップケーキ

P.8

市販の紙のカップで作れます。チョコレート用の小さいアルミケースを使うとミニサイズも作れます。色つきの生クリームとの相性も抜群でPOPなデコレーションが楽しめるスイーツです。

材料	生地：ハーティクレイホワイト5cm玉、ウッドフォルモ、アクリル絵の具（イエローオーカー、バーントシェンナ、ブラック） 生クリーム：シーリング用シリコーン材、アクリル絵の具（チェリーレッド、スカイブルー、イエローオーカー、バーントシェンナ、ブラック） トッピング：フェイクアイスクリーム、フェイククッキー、丸ビーズ、ボタン、カラースプレーなどお好みで（トッピングの作り方P.43参照）
道具	紙のカップケース（写真は直径6cm、高さ3cm）、花口金8山、しぼり袋、チャック付ポリ袋、スプーン、紙コップ

□作り方

1. ハーティクレイホワイトをざっくり多めに型に入れて量り取り、ウッドフォルモとアクリル絵の具（イエローオーカー＋バーントシェンナ）を混ぜて練ります。（チョコレート生地の場合は少し黒を入れます）

2. 8分目まで粘土をつめ、残りの生地と同量の水をチャック付ポリ袋に入れ、よく揉んでクリーム状にします。

3. カップケースの溝にまでしっかりいきわたるように流し入れます。

4. 2～3日乾燥させます。その間にトッピングを用意します。

5. フェイク生クリームを作ります。紙コップにシリコーン材を入れ、アクリル絵の具を楊枝を使って少量入れ、色をつけます。これを数種作ります。

6. しぼり袋に移します。袋の先を切り、外側からガムテープで口金を取りつけ、中心から「の」の字を書くように2～3周しぼります。

7. 乾かないうちにトッピングを盛りつけます。

POINT
土台に対してトッピングのサイズを大きめにするとPOPでかわいいフォルムになります。シリコーン材をしぼる前に、トッピングするものを置いてみるとバランスがわかります。

プリン

P.10

プリンの色はベージュ系にするとナチュラルに、イエローを強くするとPOPな印象になります。型に粘土を入れて2週間ほど置いておくとできる方法もありますが時間がかかりますので、ここではひと手間かけて型をつくり、早く綺麗に作る方法をご紹介します。

材料	プリン（ひとつ分）：モデナ4cm玉程度、アクリル絵の具（イエロー、イエローオーカー、） 心材：ウレタン素材など（なくても作れます） カラメルソース：ガラス絵の具（茶、白）　もしくは水性ニス　ウルトラバーニッシュスーパーグロス
道具	紙コップ2個、クリアホルダー（プラ板）、ガラスの器

□作り方

1.小さめの紙コップをカットしてプリンの形にしたものを2個つくります。

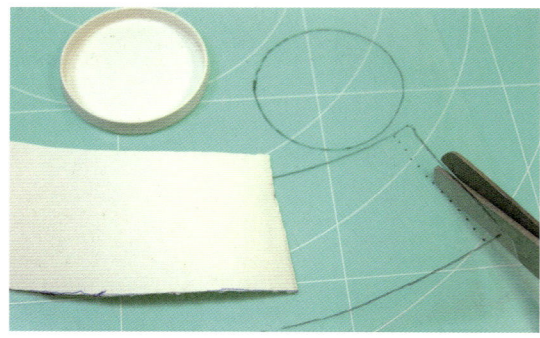

2.ひとつを開いて底面と側面をクリアホルダーに写し、カットします。紙コップに入れてサイズを確認します。

3.モデナにイエローとイエローオーカーを混ぜ、固めに練り、7mm厚の平板を作ります。

4.紙コップに底面の型を先に入れ、側面の型を乗せてカットした（3）を入れ、しっかり底面の角を出してから中に粘土を足し、心材を押しこみます。

5.紙コップから型ごと取り外し、型をはがして乾かします。

6.ガラス絵の具（茶）を上面とガラスの器に入れ、プリンを置きます。
POINT　ガラス絵の具がない場合、水性ニス（スーパーグロス）か木工用ボンドに色を混ぜてカラメルソースを作ります。

ベルギーワッフル　P.11

粘土でワッフルの押し型を作って挟んで作ります。ひと手間かかりますが一度作れば何度も使えます。チョコソースやクランチ、フェイク粉砂糖やグレーズなど、落ち着いたトッピングが似合う焼き菓子です。

材料　ワッフル（1枚分）：モデナ1.5cm玉、ハーティクレイホワイト2cm玉、アクリル絵の具（イエロー、イエローオーカー、茶）
ワッフル押し型：ハーティクレイ（もしくはハーティソフト）1/3袋、水性ニス　ウルトラバーニッシュスーパーグロス
トッピング：ガラス絵の具（茶）、ジェッソ、フェイクアーモンドスライスなどお好みで

道具　割り箸、ベビーパウダー、あれば5mm厚ののり付パネル

□作り方

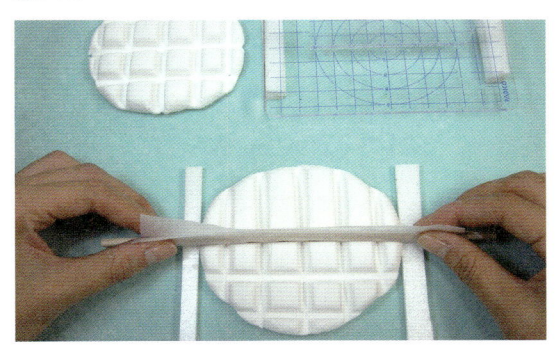

1. 押し型を作ります。ハーティクレイホワイトをふたつに分けて丸め、高さ1.5cmに押しつぶします。左右に高さ0.5cmのガイドを置き、中心を決めクッキングペーパーを巻いた割り箸で1.5cm角の格子状の溝をつけます。

2. 一辺を切り落とし、合わせて確認します。左右の大きさが多少違っていても作りたいサイズ以上であれば大丈夫です。

3. 乾いたら水性ニス（スーパーグロス）を2回塗り重ね押し型の出来上がりです。

POINT
・高さを一定にするためにガイドになるものを用意すると簡単です。5mm厚ののり付パネルを使うと便利です。
・格子を作る道具として割り箸代わりに定規の側面を使えばワッフルコーンの押し型などが作れます。

4. ワッフル生地を作ります。モデナ＋ハーティクレイホワイトにイエロー少量を混ぜ、固めに練り、丸めて少し押しつぶします。

5. 押し型にベビーパウダーをまぶし、凸凹が表裏合うようにして生地をはさみます。

6. 押し型を曲げながら外し、周りの薄い部分を少しちぎり取ります。

7. 乾いたらぼかしながら（P.38参照）イエローオーカーと茶で焼き色をつけます。

POINT　へこみ部分や側面を中心に色づけします。

ボンボンショコラ

P.12

基本となるトリュフの作り方をご紹介します。モデナを水で溶かすと、まるで本物のチョコフォンデュにように使うことができます。コーティングすると手で丸めたときよりも美しい光沢となめらかな丸さがでます。

材料	中心部分：ハーティカラーダークブラウン2.5mm玉（ハーティクレイに色をつけても作れます） チョコフォンデュ：モデナ1.5cm玉　アクリル絵の具（チョコレート、ブラック、茶） トッピング：各種（P.61参照）
道具	チャック付ポリ袋、紙コップ、楊枝、クリアホルダー、使い捨てのスプーンマドラーなど

□作り方

1. ハーティカラーダークブラウンを計量スプーン等で均等にとって丸め、中心部分を作り乾かしておきます。

2. モデナをチャック付ポリ袋に入れ、水をモデナの半量入れ、ダマがなくなるまで良く混ぜます。固い場合は少しずつ水を足して滑らかにします。これをここでは「ペースト状のモデナ」と呼びます。

3. トッピングを用意します。（4およびP.43〜参照）

4. 紙コップにアクリル絵の具を出し、チョコレート色を作り（2）のペースト状のモデナを入れます。

POINT
・粘土は乾くと色が濃くなりますのでまずイメージの色を作ってから粘土を加えます。
・モデナで作ったペーストは保存もできますので多目に作っておくと便利です。
・ほかの色も（4）の手順で作ります。（苺チョコ、ミルクチョコレート、ホワイトチョコレートなど）

5. （1）を（4）にくぐらせてスプーンマドラーですくい、クリアホルダーに乗せて乾かします。
POINT　底面を作らず、球形に仕上げたいときには楊枝を使ってオアシスに挿して乾かします。

6. トッピングをします。

トッピングアレンジいろいろ

1.クランチ：モデナに黄土色を混ぜ、揚げカスすくいで押し出し、乾かしたものをすぐに載せます。
2.マカデミアナッツ：チョコ用のアルミケースにハーティクレイを詰め、上に左P（4）を流します。モデナに少量のイエローオーカーを混ぜ、手でナッツの形に整えて上に載せます。
3.ストロベリー：蝶の作り方参照
4.コーンフレーク＆アーモンド：コーンフレーク（P.63参照）とアーモンドスライス（P.47参照）を作り、紙コップに左P（4）と混ぜて入れ、クリアホルダーに載せ、乾かします。
5.ホワイト：紙コップにイエローオーカー少量とペースト状のモデナを混ぜてコーティングし、ジェッソをぼかし、筆でたたくようにして載せます。
6.フェイクラベル：シールを厚紙に貼って切り抜いたものをボンドでつけます。

1.苺：市販のフェイクフルーツにコーティング。
2.台形：製氷皿で中身の型を取り、コーティングし、金粉を載せます。
3.ミント：モデナに色をつけ、平たくのばしたものに櫛を押しつけて模様をつけます。やわらかいうちに重ねておき、乾いたら匹角にカットします。黄色＋水色で色をつけ、薄く円形にのばしたモデナを巻いてボンドでつけます。
4.角模様：コーティングしたあと、表面をスプーンマドラーでたたいて角を作ります。
5.オレンジ：モデナに色をつけ、平たくのばしたものに櫛を押しつけて模様をつけます。プラ板で○の型を作って、楕円にゆがめてチョコ2枚オレンジ1枚を抜きます。やわらかいうちに重ねて形を整え、ナッツを作ってボンドでつけます。
6.ハート：中身を丸めてからハート型に整えます。モデナペーストにアクリル絵の具のチェリーレッドを混ぜ、コーティングします。そして、モデナペーストにイエローオーカーを少量混ぜ、ホワイトチョコのペーストを作り、しぼり袋で模様をかきます。最後にスワロフスキーをつけます。
7.蝶：ホワイトチョコはモデナペーストにイエローオーカーを少量混ぜ作ります。ラインはアクリル絵の具のチェリーレッドを混ぜ、しぼり袋で入れます。蝶はモデナペーストにチョコレート色をつけ、薄くのばし、ペーパーパンチで抜きます。
8.ライン：ペースト状のモデナにアクリル絵の具のホワイトを足し、しぼり袋でいれます。
9.ゴールデンクランチ：モデナに茶色を混ぜ、揚げカスすくいで押し出し、乾かしたものをまぶします。

アイシングクッキー

P.14

簡単に作れる型抜きクッキー。もうひと工夫としてアイシングをしてみましょう。季節のオーナメントとしても楽しく使えます。花、蝶、男の子、女の子、お星様、イースターエッグなど、クッキーの上に楽しくお絵かきしましょう。

材料	クッキー部分（約4枚分）：ハーティクレイホワイト3.5cm玉に対しウッドフォルモ0.5cm玉、アクリル絵の具（イエロー、イエローオーカー、茶色、こげ茶） アイシング：ハーティクレイホワイトを水で溶かしたもの、アクリル絵の具（チェリーレッド、イエロー、ブルーコンポーズ、イエローグリーンなど） そのほか：必要であれば水性ニス ウルトラバーニッシュマット
道具	のし棒、クリアホルダー、クッキー型、しぼり袋4枚、チャック付ポリ袋

□作り方

1.クッキー部分を作ります。ハーティクレイホワイトにウッドフォルモとアクリル絵の具のイエローを少量混ぜ、固めになるまで練り、半分に分け、片方には茶色、こげ茶を混ぜてチョコレート生地を作ります。

2.丸めたものをクリアホルダーに挟み、均等な厚さにのし棒でのばし、型で抜きます。

3.乾いたら、イエローオーカーと茶色をごく薄く溶き、ぼかしながら周りに焦げ目を入れます。
POINT　薄く溶いた絵の具を含ませた筆は一回ティッシュなどで水分だけを抜くと綺麗にぼかせます。

4.アイシングのベースを作ります。ハーティクレイホワイトと1/2の量の水をチャック付ポリ袋に入れ、のし棒や塗り筆でのばしながら生クリームの固さで粒がなくなるまでよく混ぜます。
POINT　のし棒や手で揉み、粘土と水をなじませます。袋が開かないように力加減に注意します。

5.しぼり袋に（4）を4つに分けて入れ、楊枝などでごく少量ずつ、赤、水色、黄色、茶色を入れ、なじませます。

6.袋の先を1mmほどカットしてしぼり出し、絵をかきます。
POINT　余ったらマスキングテープでとじ、チャック付ポリ袋に入れておくとまた使うことができます。

＜バリエーション＞
イースターエッグ
卵型はプラ板を丸めて卵型に変形させて抜きます。

ハロウィンのかぼちゃ
ベースの生地にオレンジを混ぜてりんご型で抜き、顔をかきます。

パフェ

P.19

生クリームたっぷりのパフェは子供の頃の懐かしい思い出、日曜日の贅沢なデザートでした。ちょっと小さめサイズのパフェを作ってあの頃のわくわくを再現してみたいと思います。まずは1種類のフルーツで作るキウイパフェの作り方をご紹介します。高さ7cm、直径9cmの器で制作しました。

材料　アイスクリーム：ハーティクレイホワイト3cm玉×3、アクリル絵の具（イエロー、イエローオーカー）
コーンフレーク：ハーティクレイホワイト2cm玉、ウッドフォルモ1cm玉、アクリル絵の具（イエロー）
生クリーム：シーリング用シリコーン材
トッピング：フェイクフルーツ（キウイ4枚）、ミントの葉、フェイクナッツ、木工用ボンドもしくはモデナペースト、アクリル塗料（クリアブルー、クリアイエロー）、クーピーペンシル黒、水性ニス スーパーエクステリアバーニッシュグロス
そのほか：ミニパフェ、サンデー用のガラス器

道具　花口金8山、しぼり袋、木工用ボンド、のし棒

□作り方

1. コーンフレークを作ります。ハーティクレイホワイトにウッドフォルモを少量とイエローを混ぜて、固めに練ります。クリアホルダーにはさみ、のし棒で薄くのばし、プラ板で作った円筒で丸く抜いて形をゆがめて乾かします。

2. フェイクフルーツなどのトッピングを作ります。サイズは器に合わせて決めます（P.46参照）。

図ラベル（キウイパフェ）：
15. ミントの葉
14. アイス（3）
13. ナッツ
12. キウイソース
11. 生クリーム
10. アイス（2）
9. キウイカット
8. キウイ輪切り
7. 生クリーム
6. キウイカット
5. アイス（1）
4. キウイソース
3. 生クリーム
2. コーンフレーク
1. キウイソース

3. アイスを作ります。サイズや個数は器に合わせて決め、少し多めに作っておきます（P.41参照）。

4. 木工用ボンドとクリアブルー、クリアイエロー、カッターで削ったクーピーペンシル（黒）を混ぜキウイソースを作ります。

5. 図を参照にして盛りつけをします。

POINT
・高さを出すほどに迫力が出ます。ボリューム感たっぷりなパフェを作りましょう。
・ガラスの側面から見える部分を意識して中身を入れていくと彩り豊かになります。

図ラベル（チョコパフェ）：
13. チョコスティック
12. チョコ
11. さくらんぼ
10. 生クリーム
9. チョコがけワッフル
8. バナナ輪切り
7. アイス（2）
6. バナナカット
5. 生クリーム
4. アイス（1）
3. 生クリーム
2. コーンフレーク
1. チョコソース

アレンジしてチョコパフェなども作ることができます。P.18のパフェは高さ8.3cm、直径7.6cmの器で制作しました。

マンゴーのレアチーズケーキ P.20

夏によく合うさわやかなスイーツです。
カッテージチーズのほろほろとした質感はアルミホイルのカッター部分で引っかいて作ります。

材料	カッテージチーズ部分：ハーティソフト3cm玉
	マンゴー部分：ハーティソフト3cm玉、アクリル絵の具（イエロー、オレンジ）
	ビスケット部分：コルク粘土2cm玉、木工用ボンド、カラーゼオライト（なくても作れます）
	生クリーム部分：シーリング用シリコーン材
	その他：ガラス絵の具（赤）、フェイク木苺、必要であれば水性ニス ウルトラバーニッシュマット
道具	お好みのクッキー型（なければプラ板を丸めて円形で作ります。今回は4cmのハート抜き型を使用）、アルミホイルのカッター部分、花口金8山、しぼり袋

□作り方

1. レアチーズ部分を作ります。ハーティソフトを15mmにのばし、好みの型で1枚抜きます。

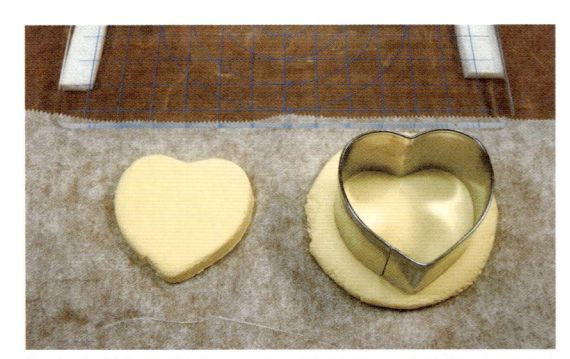

2. マンゴー部分を作ります。ハーティソフトにディープイエロー＋オレンジを混ぜ5mm厚にして2枚抜きます。

3. ビスケット部分を作ります。コルク粘土5mm厚にのばし、上にマンゴー→レアチーズ→マンゴーの順に載せ、ボンドで接着します。

4. 一番下のコルク粘土をアルミホイルのカッター部分で引っかきながら型の形に抜きます。
   POINT コルク粘土は縮みが強いので少し大きめにしておきます。

5. ガラス絵の具（赤）をレアチーズの接着面の隙間に流し入れます。

6. 粘土が乾いたらレアチーズの表面をアルミホイルのカッター部分で荒らします。

7. 上にフェイク生クリームを「の」の字に1周まわしてしぼり、フェイクフルーツを載せます。

8. コルク粘土にお好みで木工用ボンドをつけカラーゼオライト（フェイククランチ）をまぶします。

苺のショートケーキ

P.22

スイーツの定番のショートケーキはやさしい風合いの超軽量粘土を使ってふんわり作ります。カットする時は中身が混ざらないように数日間自然乾燥させ、しっかり乾かしましょう。苺のヘタ部分を作ると色合いも綺麗でナチュラルな雰囲気が出ます。

材料　直径約6.5cm高さ3cmの型で作った場合
　　　スポンジ：アーチスタソフト3/10袋、アクリル絵の具（イエロー、イエローオーカー、茶）
　　　クリーム：アーチスタソフト約1/10袋、シーリング用シリコーン材
　　　フェイク苺：アーチスタソフト約1/10袋（6個分）、アクリル絵の具（レッド、イエローグリーン、イエローオーカー）
　　　フェイク苺のヘタ：モデナ2cm玉（なくてもいいです）
　　　ジャム：アクリル絵の具（チェリーレッド、ホワイト）
道具　クリアホルダー、細工棒、アルミホイルのカッター、小さめのはさみ、花口金8山、しぼり袋、マジック、定規、のし棒、あれば1mmボンテ

□作り方

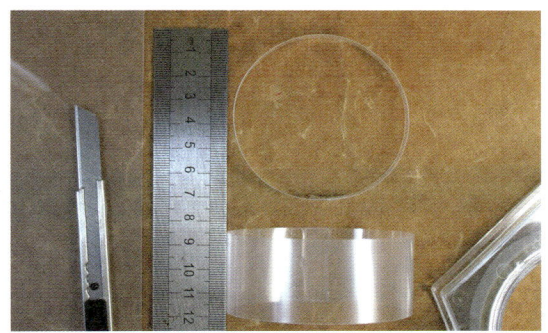

1. クリアホルダーを使って作りたいケーキの大きさと同じ高さの枠と1/3の高さの枠をそれぞれ1枚作ります。

2. アーチスタソフトをざっくり型に入れて少し多めに量り取り、アクリル絵の具で色をつけ、型につめます。余ったスポンジ生地は丸めて乾かしておき、おろし金でおろしてデコレーションに使います。

3. 表面が乾いたらマジックで上下や位置がわかるように印をつけておき、高さ1/3の枠をつかって3等分にスライスします。

4. 最上層の下面、中の上下面、下層の上面にアクリル絵の具のチェリーレッドとホワイトで作ったピンクで着色し、下の底面にイエローオーカーと茶で焼き色をつけます。

5. 乾かしている間に苺を6個作ります（作り方P.44参照）。

6. クリームを挟みます。アーチスタソフトを厚さ1～2mmでスポンジよりひとまわり大きくなるようにのし棒で伸ばし、印にそってスポンジを重ね、側面も巻き込んでなじませます。足りない場合は粘土を足します。

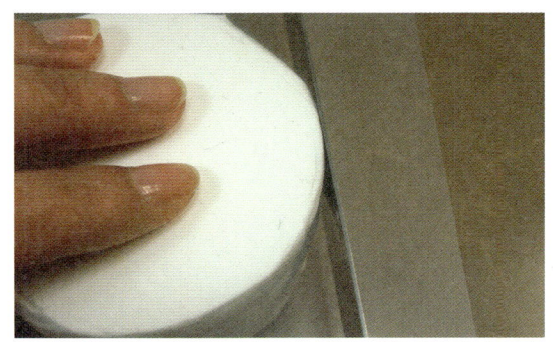

7. 最上面にクリアホルダーなどを当て、定規などで側面を押してエッジを直角に整えます。

8. シリコーン材を細工棒などで塗りつけ、下にスポンジの粉末をつけます。（そのままでもよいです）

9. 最上面に生クリームを6カ所しぼり、苺を載せます。2～3日乾かしてからクリームとスポンジの断面が混ざらないように外側から内側に向けてカッターでカットします。断面はアルミホイルカッターでほぐし、表青を出します。

65

和スイーツ・ねりきり・大福　P.24

モデナの半透明感はねりきりとよく似ています。中の餡がうっすら透けて見える大福もモデナならではの魅力ある表現だといえるでしょう。しっとりした重さのある和スイーツを季節に合わせて作ってみましょう。

材料	モデナ、水彩絵の具、メイク用のブレストパウダー、手芸用金粉など
道具	細工棒、ラップ、揚げカスすくい、木工用ボンド、金ラメなど

□作り方

あさがお
1. 青のモデナの丸玉の上に白を載せ、指で上下にのばしながらなじませます。
2. ラップでしぼって形をつけます。
3. 中心をへこませ、中心に黄色で色をつけた1mm玉を木工用ボンドでつけます。

雪うさぎ
1. モデナをうさぎの形にまとめます。
2. 細工棒で耳と目を入れます。
3. 水彩絵の具の赤で色を入れます。
4. まわりにメイク用のブレストパウダーをまぶします。

桜
1. 淡いピンクに色をつけたモデナを丸め、少し平らにしたものに細工棒で5分割の溝をつけます。
2. 水をつけた指でならして形をつけます。
3. 黄色で着色し、揚げカスすくいで押し出したモデナを木工用ボンドでつけます。

苺大福
1. 苺のスライスを作ります（P.45参照）
2. モデナに黒と紫と茶で色をつけ、餡を作ります。
3. 餡に苺を載せ、その部分が断面になるように大福の半割りの形に整えます
4. モデナを薄くのばし（3）を包みます。断面はカッターなどで整えます。
5. まわりにメイク用のブレストパウダーをまぶします。

春霞
1. 淡いピンクに色をつけたモデナを固めに練り、揚げカスすくいで押し出し、まとめます。
2. 中心を少しへこませます。
3. 黄色で着色し、揚げカスすくいで押し出したモデナを木工用ボンドでつけます。

豆大福
1. モデナに黒と紫と茶で色をつけ餡と豆を作り丸めます。
2. モデナを薄くのばし（1）を包みます。
3. まわりにメイク用のブレストパウダーをまぶします。

スミレ
1. 淡い茶色をつけたモデナを丸めます。
2. 揚げカスすくいで押し出した淡い緑のモデナを載せまとめます。
3. モデナに薄く紫を混ぜ、薄くのばして穴あけパンチで丸く切り、4つ切れ目を入れて細工棒で丸みをつけ、ボンドでつけます。

紅葉
1. オレンジ3と黄色1の分量でモデナに色をつけ、丸めて少し平たくします。
2. 細工棒で6つの切れこみを入れます
3. 細工棒と指で紅葉の形を作り、水を指につけて表面を整えます。
4. 葉脈を細工棒で入れます。

牡丹
あさがおとほぼ同じ作り方です。

みたらし団子

P.26

子供から大人までだれでも簡単に作れるお団子をフェイクスイーツにしてみます。みたらしはウルトラバーニッシュスーパーグロス（P.49参照）を使うと本物そっくりの光沢感になります。

材料	団子：モデナ2cm玉×4、アクリル絵の具（黒、茶）、竹串 みたらし：水性絵の具（茶、黄色）水性ニス ウルトラバーニッシュスーパーグロス
道具	計量スプーン、紙コップ

□作り方

1. モデナを計量スプーンで均等に量り取ります。

2. 丸めて串に刺し少し平らにしてからアクリル絵の具で焦げ目を入れます。

3. 水性ニス（スーパーグロス）に水性絵の具の茶と黄色を少しずつ混ぜ、団子にかけます。

4. 回して全体になじませ、オアシスで乾かして完成です。

ベリータルト

P.23

タルト生地の部分は木質粘土を使うと本物に近くなります。カスタードで高さを作り、トッピングのフルーツにはソースや水性ニス（スーパーグロス）をたっぷりかけてつやつやに仕上げます。一例としてブルーベリータルトの作り方をご紹介します。

材料	ブルーベリータルトの材料 タルト生地：コルク粘土2.5cm玉、水彩絵の具（茶） カスタード：ハーティソフト3cm玉、アクリル絵の具（イエローオーカー） 生クリーム：シーリング用シリコーン材 トッピング：モデナで作ったフェイクフルーツ（ブルーベリー、苺全粒）（作り方P.44,46参照）、造花の葉、丸型ビーズ紫、ガラス絵の具の赤にアクリル塗料クリアブルーを混ぜたもの、もしくは水性ニス（スーパーグロス）にアクリル塗料のクリアブルーとクリアレッドを混ぜたもの
道具	花口金8山、しぼり袋、塗料用小皿や小型のタルト型（今回は直径5cmの塗料用小皿で制作）、あればタルトカッター

□作り方

1. フェイクフルーツを作ります。（→作り方P.43参照）※市販品でも可

2. タルト部分を作ります。コルク粘土に茶を混ぜ3mm享に伸ばし型に押しつけます。ひっくり返し、周りをカッターで切り抜き、楊枝でへこみをつけます。

3. 中のカスタードを作ります。ハーティソフトにディープイエローを入れ丸めて型に入れ、山型の土台を作ります。

4. デコレーションします。フェイク生クリームを盛り、フルーツを盛りつけガラス絵の具で作ったソースをかけます。

5. 造花の葉を入れます。

ロールケーキ

P.34

オーソドックスなイメージですが、最近、工夫をこらした各店独自のロールケーキが作られ、人気が復活している注目のスイーツです。
カットした状態のロールケーキを作ります。

材料	スポンジ：ハーティクレイホワイトもしくはハーティソフト1/4袋、アクリル絵の具（イエロー、イエローオーカー、茶） 生クリーム：ハーティソフトもしくはハーティクレイホワイト1/4袋 トッピング：フェイクフルーツをカットしたもの、ジェッソなどお好みで
道具	定規、カッター、アルミホイルのカッター、木工用ボンド

□作り方

1. トッピングを用意します。（写真はカットしたキウイと苺）

2. ハーティソフトにイエローとイエローオーカーを混ぜ、固めに練ります。

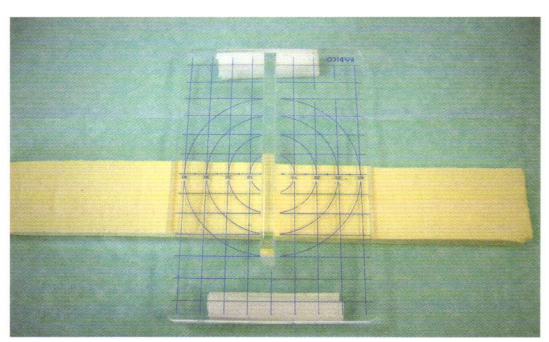

3. 均等な丸棒を作ってから平板で押し、厚さ1cm、幅4cm、長さ27cm程度にカットします。

4. 上面にイエローオーカー＋茶を塗ります。

5. ハーティソフトを袋から出し、練らずにカッターで少し切り目を入れて4cm幅に薄く裂いていき、スポンジに載せます。
POINT クリームは載せるときに、なるべくスポンジと幅をそろえておきます。載せてからカッターをひくと絵の具と濡れた粘土が混ざり、美しく仕上がりません

6. 押さえながら巻いて、底面をなじませ、生クリーム部分を楊枝で穴を空け、カットしたフルーツにボンドをつけたものを入れます。

7. 表面をアルミホイルのカッターや楊枝で荒らして表情をつけます。
POINT 上の面にフェイク粉砂糖やフェイクフルーツなどで飾りつけると豪華な印象になります。

ロリポップ

P.2

グラニュー糖をまぶしたハート型のキャンディは少しレトロテイストで。

材料　モデナ2cm玉、アクリル塗料（クリアイエロー、クリアレッド、クリアブルー）プラスチックの丸棒（なければ綿棒の芯や楊枝など）5.5cm、グラスビーズ、木工用ボンド、2mm幅リボン10cm

道具　細工棒

□作り方

1.モデナを計量スプーンなどで作りたい大きさを均等に量り分けておきます。それぞれに薄めに色をつけて丸めます。

2.細工棒で上1／3に切り込みを入れ、指と細工棒でハート型に整えます。

3.丸棒を刺し、半日程オアシスで乾かします。

4.乾いたら表面に薄く木工用ボンドを塗り、グラスビーズの瓶に入れ、薄くまぶします。

5.オアシスで乾かし、乾いたらリボンを結びます。

69

フェイクスイーツを
美味しく彩る
パジコの造形素材

樹脂粘土

透過性のある樹脂粘土
乾燥後はしなやかで、折れや曲げに強い透過性のある樹脂粘土です。乾燥後は耐水性にも優れ、ミニチュアフードやアクセサリーづくりにも最適です。

● モデナ

| 301035 | 250g | ¥840（税抜¥800） |

白さが引き立つ樹脂粘土
モデナの約半分の軽さの軽量樹脂粘土。粘土色はピュアホワイトでセラミック風な仕上がり。乾燥後に絵具で着色しても、色鮮やかに表現します。

● モデナソフト

| 303124 | ホワイト 150g | ¥840（税抜¥800） |

樹脂粘土

軽くてカラフルな軽量粘土
手につきにくく、軽い仕上がりの軽量粘土です。ホワイトのほか、混色でお好みのカラーがつくれる「カラーピグメント」や色鮮やかな「ハーティカラー」もご用意。カラフルな作品づくりをお楽しみください。

● ハーティクレイ ホワイト 200g

| 303107 | ホワイト 200g | ¥630（税抜¥600） |

● ハーティカラーピグメント

303119	イエロー	50g	¥262（税抜¥250）
303120	マゼンタ	50g	¥262（税抜¥250）
303121	ブルー	50g	¥262（税抜¥250）
303122	ブラック	50g	¥262（税抜¥250）

● ハーティカラー

303154	レッド	50g	¥262（税抜¥250）
303155	オレンジ	50g	¥262（税抜¥250）
303156	グリーン	50g	¥262（税抜¥250）
303153	ホワイト	50g	¥262（税抜¥250）

軽量粘土

プロフェッショナル軽量粘土
きめ細かく、乾燥後もしなやかな弾力を持つ、プロフェッショナルタイプの軽量粘土。乾燥後の収縮やケバ立ちも少なく、薄くのばしても折れや曲げに強い仕上がりです。

● ハーティソフト

303123	ホワイト	200g	￥630（税抜￥600）

ペースト状樹脂粘土

ペースト状の樹脂粘土
モデナと一緒に使え、テクスチャーづくりや接着剤としても使用できる、モデリングペーストです。

● モデナペースト

303200	250g	￥1,050（税抜￥1,000）

水性ニス

超光沢から艶なしまで 選べる3タイプ
作品を汚れから守る水性ニスです。いちごやブルーベリーのみずみずしさが表現できるスーパーグロスから、素材の風合いを活かすマットまで、用途に合わせて選べます。

● ウルトラバーニッシュ

303223	スーパーグロス	200cc	￥1,155（税抜￥1,100）
303224	グロス＆サテン	200cc	￥1,155（税抜￥1,100）
303225	マット	200cc	￥1,155（税抜￥1,100）

水性防水ニス

塗るだけで優れた防水加工！
表面に2〜3回重ね塗ることで、耐水力の強い作品に仕上がります。キーホルダーやストラップなど、野外などで使用する作品におすすめです。

● スーパーエクステリアバーニッシュ

303226	グロス	200cc	￥1,680（税抜￥1,600）
303227	マット	200cc	￥1,680（税抜￥1,600）

通信販売のお知らせ

本ページで紹介されている商品は、全国の手芸店、およびクラフト店、画材店、百貨店画材売り場、ホビー専門店、インターネット通販のほか、以下の通販サイトでもお求めいただけます。

● インターネット通販「Hearty（ハーティ）」

http://www.rakuten.co.jp/heartylove/

PADICO 株式会社パジコ　〒153-0043 東京都目黒区東山 3-2-4　Tel.03-3710-3011(代)　www.padico.co.jp

著者紹介

氣仙えりか（きせんえりか）

多摩美術大学美術学部立体デザイン科卒。ブライスビューティコンテスト2006ファイナリスト。
1/6や1/12スケール以外のドール用の小物が欲しくなったことをきっかけにフェイク・スイーツ作りを始めた。ドールのジャンルでも「東京ローゼ／えりっく」名義にて、ドールカスタムやアウトフィット・小物作りの創作活動を行っている。

staff

AD
炭谷賢

作品撮影
新井谷武廣

スタイリスト
皆川明美（アユターレ）

商品写真撮影協力
塩川渉（工画堂スタジオ）

イラスト
よしだみよこ

編集協力
山口みお
福崎亜由美
佐藤美紗子

企画
小中千恵子（グラフィック社）

材料提供
株式会社パジコ　www.padico.co.jp
〒153-0043 東京都目黒区東山3-2-4 Tel.03-3710-3011(代)

かわいいフェイク・スイーツのつくり方

2008年5月25日　初版第1刷発行

著　者：氣仙えりか
発行者：久世利郎
発行所：株式会社グラフィック社
印刷所：錦明印刷株式会社
製本所：錦明印刷株式会社

〒102-0073
東京都千代田区九段北1-14-17
tel. 03-3263-4318
fax. 03-3263-5297
http://www.graphicsha.co.jp

振替00130-6-114345
乱丁・落丁本はお取り替え致します。
本書の収録内容の一切について無断転載、無断複写、無断引用を禁じます。

ISBN978-4-7661-1900-8
Printed in Japan

警告
本書に掲載している作品及びそのデザインは著者の著作物です。購入された方が個人的に楽しむ場合を除いて、無断での製作、販売は禁じられています。

■全国パジコ製粘土ショップリスト

フェイク・スイーツ作りの必需品、ハーティやモデナなどのパジコ製粘土を購入できる全国のお店をご紹介します

パジコの粘土は、全国の手芸店チェーンや画材店など 600 以上のお店で購入できます。
こちらのリストはその一部です。もし店頭にほしい商品が無い場合は御注文下さい。通信販売でも購入できます（P.71 参照）。リストは 2008 年 4 月現在のものです。

北海道・東北

□北海道
札幌ロフト
札幌市中央区北 4 条西 3 丁目　011-215-3840
大丸藤井セントラル
札幌市中央区南 1 条西 3 丁目 2 番地　011-231-1131
東急ハンズ 札幌店
札幌市中央区南 1 条西 6-4-1　011-218-6111
北海屋
札幌市中央区北 7 条西 20 丁目 38 番地　011-642-2171

□青森県
サントワール
青森市緑 3 丁目 9-2 サンロード 1F　017-722-7987
ナンデモヤ丸山商店
青森市新町 1-12-12　0177-22-7947

□岩手県
ひまわり
盛岡市大通 2 丁目 7-26　0196-22-8371
鈴や手芸店
宮古市末広町 7-30　0193-62-1579

□宮城県
アークオアシスデザイン 仙台泉店
仙台市泉区大沢 3-9-1 ホームセンタームサシ 2F　022-771-2080
仙台ロフト
仙台市青葉区中央 1-10-10　022-224-6210
木村屋
青葉区中央 2-4-8　022-224-1108

関東

□東京都
東急ハンズ 銀座店
中央区銀座 2-2-14 マロニエゲート 5 ～ 9F　03-3538-0109
東急ハンズ 渋谷店
渋谷区宇田川町 12-18　03-5489-5111
東急ハンズ 新宿店
渋谷区千駄ヶ谷 5-24-2 タイムズスクエアビル 2 ～ 8F　03-5361-3111
東急ハンズ 池袋店
豊島区東池袋 1-28-10　3-3980-6111
東急ハンズ 町田店
町田市原町田 6-4-1 町田東急ツインズ イースト 6・7F　042-728-2511
東急ハンズ 北千住店
足立区千住 3-92 北千住マルイ 6・7F　03-5284-6111
東急ハンズ ららぽーと豊洲店
江東区豊洲 2-4-9 アーバンドックららぽーと豊洲 1・2F　03-5547-0109
世界堂 新宿西口店
新宿区西新宿 1-11-11　03-3346-1515
世界堂 新宿本店
新宿区新宿 3-1-1 世界堂ビル 1F ～ 5F　03-5379-1111
世界堂 聖蹟桜ヶ丘アートマン店
多摩市関戸 1-11-1 京王聖蹟桜ヶ丘 SC・A 館 京王アートマン 3F　042-337-2583
世界堂 池袋パルコ店
豊島区南池袋 1-28-2 池袋パルコ 6F　03-3989-1515
世界堂 町田店
町田市原町田 4-2-1　042-710-5252
世界堂 ルミネ立川店
立川市曙町 2-1-1 ルミネ立川 9F　042-527-6555
世界堂 武蔵野美術大学店
小平市小川町 1-736 武蔵野美術大学内　042-349-3344
世界堂 立川北口店
立川市曙町 2-4-5 NIS WAVE.1 ビル 5F　042-519-3366
ユザワヤ 蒲田店
大田区西蒲田 8-4-12　03-3734-4141
ユザワヤ 吉祥寺店
武蔵野市吉祥寺南町 2-1-1　0422-79-4141
ユザワヤ 町田店
町田市原町田 6-13-21 長崎屋町田店 B 館 5F　042-725-4141
ユザワヤ 南千住店
荒川区南千住 4-7-2 LaLa テラス南千住 A 棟 2F　03-5811-4141
ユザワヤ 立川店
立川市曙町 2-12-2 ビックカメラ 7・8F　042-529-4141
渋谷ロフト
渋谷区宇田川町 21-1 渋谷ロフト　03-3462-3807
池袋ロフト
豊島区南池袋 1-28-1　03-5949-3880
ロフト吉祥寺
武蔵野市吉祥寺本町 1-10-1　0422-23-6210
伊東屋 玉川店
世田谷区玉川 3-17-1　03-3708-1721
伊東屋 渋谷店
渋谷区渋谷 2-15-1　03-3780-1108
伊東屋 本店
中央区銀座 2-7-15　03-3561-8311
ABC クラフト 新宿店
新宿区新宿 3-29-1　03-5919-1511
JCYFUL-2 瑞穂店
西多摩郡瑞穂町殿ヶ谷 442　042-568-2031
ウエマツ
渋谷区渋谷 2-20-8　03-3400-5556
シモジマ浅草橋 6 号館
台東区蔵前 1-5-7　03-5833-6541
ジュリアン
武蔵野市吉祥寺本町 2-8-4 コスモス吉祥寺ビル 1・2F　042-220-7775
トゥールズ お茶の水店
千代田区神田駿河台 2-1-30　03-3295-1438
トゥールズ 新宿店
新宿区新宿 3-38-1 ルミネエスト 5F　03-3352-7437
ユタカ
台東区浅草橋 1-21-1　03-3866-8796
文房堂
千代田区神田神保町 1-21-1　03-3291-3441
名村大成堂
豊島区雑司ヶ谷 2-8-18　03-3983-4261

□神奈川県
東急ハンズ ららぽーと横浜店
横浜市都筑区池辺町 4035-1　045-929-0109
東急ハンズ 横浜店
横浜市西区南幸 2-13　045-320-0109
東急ハンズ 川崎店
川崎市川崎区駅前本町 8 ダイス 5 F　044-230-0109
世界堂 ルミネ横浜店
横浜市西区高島 2-16-1 ルミネ横浜 5F　045-444-2266
世界堂 ルミネ藤沢店
藤沢市藤沢 438-1 ルミネ藤沢 4F　0466-29-9811
世界堂 相模大野店
相模原市相模大野 3-9-1 相模大野モアーズ 4F　042-740-2222
ユザワヤ 上大岡店
横浜市港南区上大岡西 1-16-23 長崎屋上大岡店 3F・4F　045-846-4141
ユザワヤ 大和店
大和市大和東 1-2-1　046-264-4141
横浜ロフト
横浜市西区高島 2-18-1 そごう横浜店 7 階　045-440-6210
ヴィシーズ 長津田店
横浜市緑区長津田みなみ台 4-6-1　045-988-6331
トゥールズ 横浜ジョイナス店
横浜市西区南幸 1-5-1 相鉄ジョイナス 4F　045-321-6728
ユニアート ららぽーと横浜店
横浜市都筑区池辺町 4035-1　045-414-2370
ユニアート 湘南平塚店
平塚市久領堤 1-2　0463-25-0784
伊東屋 青葉台店
横浜市青葉区青葉台 2-1-1 青葉台東急スクエア South-1 別館 2F　045-984-1108

□埼玉県
ユザワヤ 浦和店
さいたま市浦和区高砂 2-5-14　048-834-4141
ユザワヤ 所沢店
所沢市東町 5-22 ダイエー所沢店 5F　04-2940-4141
ロフト所沢
所沢市日吉町 12-1 所沢西武 6 階　04-2927-3399
世界堂 新所沢パルコ店
所沢市緑町 1-2-1 新所沢パルコ Let's 館 3F　04-2903-6161
大宮ロフト
さいたま市大宮区宮町 1-60　048-646-6210
東急ハンズ 大宮店
さいたま市大宮区桜木町 2-3 DOM ショッピングセンター 4・5F　048-640-7111
ヴィシーズ 鴻巣店
鴻巣市大字箕田 1771 番 1　048-595-2818
ヴィシーズ 埼玉大井店
ふじみ野市西鶴ケ岡 1-3-15　049-278-7931
ヴィシーズ 三郷店
三郷市彦倉 2 丁目 111 番地　048-949-5631
JOYFUL-2 幸手店
幸手市上高野 1258-1　0480-40-4161

□千葉県
JOYFUL-2 千葉ニュータウン店
印西市草深 1921　0476-40-7500
ヴィシーズ 新習志野店
習志野市茜浜 1 丁目 1 番 2 号　047-408-2731
ユザワヤ 津田沼店
習志野市谷津 7-7-1　047-474-4141
ロフト船橋
船橋市本町 1 丁目 27-1　047-423-6210

東急ハンズ 柏店
柏市末広町 1-10 柏高島屋ステーションモール S館専門店街 7・8F　04-7141-6111
JOYFUL-2 富里店
富里市七栄 525-24　0476-92-7721

□茨城県
JOYFUL-2 ひたちなか店
ひたちなか市新光町 34-1　029-264-2300
JOYFUL-2 守谷店
守谷市松ヶ丘 3-8　0297-48-8050
JOYFUL-2 荒川沖店
土浦市中村南 3-4-9　029-841-3511
JOYFUL- 2 宇都宮店
栃木県河内郡上三川町磯岡 421- 1　0285-55-2272

□栃木県
ユザワヤ宇都宮店
宇都宮市馬場通り 2-3-12 ラパーク長崎屋宇都宮店 7F　028-610-4141
JOYFUL-2 宇都宮店
河内郡上三川町磯岡 421- 1　　　0285-55-2272

□群馬県
ヴィシーズ 高崎店
高崎市上中居町 487 番 1　027-310-6011
JOYFUL-2 新田店
太田市新田市野井町 592-13　0276-30-9166

信越

□新潟県
大島画廊
上越市本町 3-1-11　025-524-2231
ホビーロード
新潟市中央区女池 4-18-19　025-281-2686

□福井県
井ザワ画房
福井市羽水 2-720-1　0776-33-5380

東海

□愛知県
イチカワ 本店
西尾市丁田町上之切 8 番地　0563-56-8211
世界堂 名古屋パルコ店
名古屋市中区栄 3-29-1 名古屋パルコ東館 5F　052-251-0404
東急ハンズ 名古屋 ANNEX 店
名古屋市中区錦 3-5-4　052-953-2811
東急ハンズ 名古屋店
名古屋市中村区名駅 1-1- 2　052-566-0109
ロフト名古屋
名古屋市中区栄三丁目 18 番 1 号 ナディアパーク内　052-219-3000

□静岡県
長島文宝堂 Conte
御殿場市萩原 517　0550-70-1801

近畿

□大阪府
梅田ロフト
大阪市北区茶屋町 16-7　06-6359-0111
八尾ロフト
八尾市光町 2-60 八尾西武 5 階　0729-95-6210
高槻ロフト
高槻市白梅町 4-1 オーロラモール 3 階　072-684-2980
東急ハンズ 江坂店
吹田市豊津町 9-40　06-6338-6161
東急ハンズ 心斎橋店
大阪市中央区南船場 3 丁目 4 番 12 06-6243-3111
ABC クラフト 天王寺店
大阪市阿倍野区阿部野筋 1-4-7 エコーアクロスビル 4 ～ 8 階　06-6649-5151
ABC クラフト 枚方店
枚方市岡東町 18-20　枚方店 3 階～ 5 階　072-845-2410
シモジマ 心斎橋店
大阪市中央区北久宝寺町 3-3-8　06-6252-4361
トゥールズ 大阪梅田店
大阪市北区芝田 1-1-3 阪急三番街 B1　06-6372-9272
ホビークラフトタニモト
大阪市中央区南本町 2-5-9 村田長ユーマンビル 7 階　06-6243-2022
ユザワヤ なんば店
大阪市中央区千日前 2-10-1 ビックカメラなんば店 7F　06-6649-4141
大阪サンセイ
大阪市北区梅田 1-11-4 大阪駅前第 4 ビル B2-39　06-6341-0951
珍品堂
河内長野市長野市町 1601-3　0721-52-5969
東京工芸
大阪市西区北堀江 1-2-16 ツリガネビル 3F　06-6543-0055
日本紐釦
大阪市中央区南久宝寺町 1-9-7　06-6271-7087

□兵庫県
神戸ロフト
神戸市中央区小野柄通 8-1-8 そごう神戸店新館 1 ～ 4 階　078-272-6210
東急ハンズ三宮店
神戸市中央区下山手通 2-10-1　078-321-6161
ユザワヤ神戸店
兵庫県神戸市中央区三宮町 1-3-26　078-393-4141
アークオアシスデザイン姫路店
姫路市広畑区夢前町 3 丁目 1-7 ホームセンタームサシ 2F　079-238-6346

□京都府
画箋堂
京都市下京区河原町通五条上ル東側　075-341-3288
京都ロフト
京都市中京区河原町通蛸薬師西入ル裏寺町 595　075-255-6210
山口忠兵衛商店
京都市下京区松原通東洞院入本燈籠町 20　075-361-5231
アークオアシスデザイン 京都八幡店
八幡市欽明台北 3-1 ホームセンタームサシ 2F　075-982-2037

□滋賀県
大津ロフト
大津市におの浜 2-3-1 西武大津 SC6 階　077-521-3254

中国

□広島県
ほりかわ
広島市中区猫屋町 3-21　082-293-7111
東急ハンズ 広島店
広島市中区八丁堀 16-10　082-228-3011

九州

□福岡県
トライアムサンカクヤ姪浜店
福岡県福岡市西区内浜 1-15-43　092-884-2612
トライアムサンカクヤ月隈店
福岡県福岡市博多区月隈 2 丁目 5-7（サニー月隈内）　092-513-0778
トライアムサンカクヤ西新店
福岡県福岡市早良区西新 5-1-18　082-851-8648
トライアムサンカクヤ天神店
福岡県福岡市中央区天神 2-13-18 天神ホワイトビル 1F　092-714-0007
トライアムサンカクヤ香椎店
福岡県福岡市東区千早 5-13-3　092-662-6028
トライアムサンカクヤ大橋店
福岡県福岡市南区大橋 1-8-8 一丁目八番館　092-512-7298
トライアムサンカクヤ飯塚店
福岡県飯塚市本町 14-9　0948-25-0350
トライアムサンカクヤ小笹店
福岡市中央区小笹 3-12-41　092-525-3721
トライアムサンカクヤ本城店
北九州市八幡西区本城 5-1-1　093-695-7011
ユザワヤ福岡店
福岡市福岡市中央区天神 4-3-8 ミーナ天神 6・7F　092-721-4141
トライアムサンカクヤ 久留米店
久留米市東町 25-52 久留米一番街　0942-32-1660
トライアムサンカクヤ 古賀店
古賀市天神 4-12-7　092-941-1288
トライアムサンカクヤ 春日店
春日市春日 10-13　092-595-3515
トライアムサンカクヤ 大牟田店
大牟田市新栄町 16-14　0944-52-3857

□佐賀県
トライアムサンカクヤ 佐賀店
佐賀市南佐賀 2-3-1　0952-23-7301
トライアムサンカクヤ 鳥栖店
鳥栖市本鳥栖町字下鳥栖 537-1 ジョイフルタウン鳥栖 1F　0942-81-2612

□熊本県
トップワークサンカクヤ 花立店
熊本市花立 5-9-43 プラザ花立　096-369-3588
トップワークサンカクヤ ポムポム店
熊本市上通町 5-23 サンカクヤビル 1 ～ 3F　096-326-1177
トライアムサンカクヤ 荒尾店
荒尾市下出 1616-87 グリーンスマイル一番館　096-869-3303

□大分県
トライアムサンカクヤ わさだ店
大分市大字玉沢字楠本 755-1 トキハわさだタウン 3F　097-588-8864

□鹿児島県
みつる本社
鹿児島市荒田 1-22-2　099-251-5514
まきの
鹿児島市東千石町 15-10　099-226-3551